Die geheimen Kostbarkeiten der Eifelkirchen

Dieses Buch widme ich meiner Frau Gisela.
Sie hat es mir ermöglicht, in einer für mich schweren Zeit dieses Buch fertig zu stellen.

Es bedeuten	*	sehenswert.
	**	besonders sehenswert,
	***	unbedingt sehenswert, lohnt jeden Umweg.

Christoph Wendt

Die geheimen Kostbarkeiten der Eifelkirchen

27 Entdeckungsfahrten

Meyer & Meyer Verlag

Papier aus nachweislich umweltverträglicher Forstwirtschaft.
Garantiert nicht aus abgeholzten Urwäldern!

Die geheimen Kostbarkeiten der Eifelkirchen
Entdeckungsfahrten zu wenig bekannten Dorfkirchen in der Eifel und ihren Schätzen

Bibliografische Information der Deutschen Nationalbibliothek
Die Deutsche Nationalbibliothek verzeichnet diese Publikation in der Deutschen Nationalbibliografie; detaillierte bibliografische Daten sind im Internet über http://dnb.d-nb.de abrufbar.

Auckland, Beirut, Budapest, Cairo, Cape Town, Dubai, Hägendorf, Indianapolis, Maidenhead, Singapore, Sydney, Tehran, Wien

Member of the World Sport Publishers' Association (WSPA)

Druck: B.O.S.S Druck und Medien GmbH
Satz: www.satzstudio-hilger.de
ISBN 978-3-89899-756-0
E-Mail: verlag@m-m-sports.com
www.dersportverlag.de

Inhalt

Einleitung

Wer kennt Lonnig oder Bürvenich? Wer fährt schon nach Elsig, nach Steinborn oder Baasem? Und wem sagen Namen wie Meckel, Weweler oder Wollersheim, Kirmutscheid oder Frauenberg etwas?

Was sind das für Namen, was steckt hinter ihnen?

Diese und rund zwei Dutzend anderer Namen stehen für meist kleine, oft abseits des touristischen Interesses gelegene Dörfer oder kleine Städte in der Eifel. Ihnen allen ist eins gemeinsam. In ihnen stößt der Besucher auf mitunter sehr alte Dorfkirchen, oder deren Ruinen, die vor allem wegen kunsthistorischer Schätze, die in ihnen zu finden sind, aber auch als Bauwerke von überörtlicher Bedeutung sind. Es gibt in keiner dieser Kirchen berühmte Goldaltäre, wenig einzigartige gotische Flügelaltäre oder nur selten einmal mit kostbaren Freskenzyklen bemalte Wände. Dafür findet man römische Matronensteine als Altarmensen, Büsten römischer Götter oder römische Grabsteine als Türsturz. Manche dieser Kirchen sind kleine, einstige Klosterkirchen, einige waren einst vielbesuchte Wallfahrtskirchen, wieder andere, zu klein gewordene Pfarrkirchen, sind heute gleichsam auf die Friedhöfe „abgeschoben worden", wie in Polch oder Meckel.

Wer sich aufmacht, die oft abseits großer Straßen, in kleinen Dörfern oder eben auf Friedhöfen liegenden Kirchen aufzusuchen, die in diesem Buch beschrieben sind, wird eine Eifel erleben, die noch wenig vom beliebten und vielbesuchten Ferienland an sich hat, als das das Bergland zwischen Aachen und Trier, zwischen Rhein und der Grenze im Westen, heute bekannt ist und propagiert wird. Diese Grenze spielt allerdings bei diesen Entdeckungsfahrten keine große Rolle. Das hat nichts mit der Freizügigkeit dank des sogenannten *Schengen-Abkommens* zu tun.

Die Tourismusverantwortlichen im grenznahen Gebiet Belgiens und Luxemburgs sonnen sich ganz gerne im Glanz, den die Eifel heute als Fremdenverkehrsland hat. Und sie sprechen von ihren grenznahen Gebieten gerne als der belgischen oder luxemburgischen Eifel. Und da das Gebiet gegenüber Belgien in den grenzüberschreitenden deutsch-belgischen Naturpark Nordeifel, das luxemburgische Grenzgebiet in den deutsch-luxemburgischen Naturpark einbezogen ist, bietet es sich natürlich an, kostbare kleine Dorfkirchen auch von jenseits der Grenze mit einzubeziehen in diese Entdeckungsfahrten. Das auch nicht zuletzt deshalb, weil das heute belgische Gebiet bis 1919 zu Deutschland, weite Teile der Südwesteifel, das Land um Bitburg, etwa lange zu Luxemburg gehört haben.

Wer dem Lockruf der verborgenen Schätze, den diese Kirchen heute darstellen, folgt, wird bei dieser oder jener Kirche auf die immer noch eindrucksvollen Reste längst untergegangener Klöster stoßen, die durch Misswirtschaft oder Zügellosigkeit schon vor mehr als einem halben Jahrtausend untergegangen sind oder aufgelöst wurden, wie Lonnig. Er wird sich in Dörfchen wiederfinden, die aus drei oder vier Häusern und einer überraschend kostbar ausgestatteten Kirche bestehen, wie beim heiligen Wendelin in Kirmutscheid.

Stolze, rein romanische Kirchen, wie die Kirche der einstigen Deutschordenskommende in Roth hoch über dem Tal der Our, begegnen uns. Manchmal stehen die nach totaler Kriegszerstörung liebevoll nach dem alten Vorbild wieder aufgebauten Kirchen für die enge Verbundenheit der Menschen in den Dörfern mit ihren Kirchen wie in Gondelsheim. Viele der hier vorgestellten Kirchen haben heute als Pfarrkirchen ausgedient, dienen „nur“ noch als Friedhofskirchen, was sie aber wahrscheinlich davor bewahrt hat, einem jeweils modernen Zeitgeist entsprechend verändert zu werden. Andere werden nur noch gelegentlich zu Gottesdiensten genutzt. Sehr oft sind solche Kirchen im Hinblick auf wertvolle

Stützenwechsel in der Rother Kirche

Einrichtungen dank bitterer Erfahrungen, die man gemacht hat, nicht frei zugänglich. In solchen Fällen ist genau angegeben, wo man den Schlüssel bekommen kann, um sich in der Kirche umzusehen. Auch muss man als Besucher hinnehmen, dass kostbare Einzelstücke in einer Kirche aus Sicherheitsgründen durch Kopien ersetzt und die Originale ins Museum in Sicherheit gebracht wurden, wie in Fleringen.

Bei den allgemein zugänglichen Kirchen hat man als Besucher in der Regel keinen Zugang zu Lichtschaltern, um mithilfe der Beleuchtungsanlagen die Kirche voll ausleuchten zu können. Eine gute Taschenlampe ist dann ein wertvolles Hilfsmittel, so etwa in Bleialf oder Mertloch.

Ahrtal und Hocheifel

** **Dümpelfeld,** alte Pfarrkirche St. Cyriakus.

** **Kirmutscheid,** ehemalige Pfarrkirche St. Wendelin. Die wie ein Ausrufezeichen auf dem Berg liegende, aus dem Mittelalter stammende Kirche ist dank ihrer Freskenausmalung eine der schönstgestalteten Dorfkirchen der Eifel.

*** **Wehr,** ehemalige Propsteikirche und heutige Pfarrkirche St. Potentius.

Maifeld

Lonnig, ehemalige Stiftskirche der Augustiner. Nur der oktogonale Chor der einstigen Stiftskirche, der heute als Pfarrkirche genutzt wird, erinnert noch an eines der größten und frühesten Zentren des Christentums in der Südeifel.

Mertloch, Pfarrkirche St. Gangolf. Als kostbares gotisches Kleinod entpuppt sich diese alte Pfarrkirche.

*** **Monreal,** Pfarrkirche Kreuzerhöhung. Die malerische, über der Elz am Fuß der Löwenburg erbaute Kirche erweist sich architektonisch wie auch von der kunsthistorisch bedeutsamen Ausstattung her als gotischer Schatz.

*** **Polch,** ehemalige Pfarrkirche St. Georg. Als Friedhofskirche wird die noch aus karolingischer Zeit stammende kleine Kirche genutzt.

Polch, die St. Georgskapelle

Nordeifel

*** **Baasem,** Pfarrkirche St. Mariä Geburt. Ursprünglich romanisch, später gotisch verändert, ist die Kirche dank ihrer Raumwirkung und ihrer reichen Dekoration ein kaum bekanntes Prunkstück.

** **Reifferscheid,** Burg- und Pfarrkirche St. Matthias. Die aus dem 12. Jahrhundert stammende Kirche ist die einzige Kirche der Eifel, die architektonisch in die mittelaterliche Ortsbefestigung einbezogen wurde.

** **Vlatten,** Pfarrkirche St. Dionysius. 839 wurde hier die Kirche der fränkischen Königspfalz gebaut. St. Dionysius gehört zu den eindrucksvollsten romanischen Kirchen der Eifel.

*** **Wollersheim,** Alte Kirche. Die ehemalige Pfarrkirche gehörte im Mittelalter zum Marienstift in Köln. Dieses nach der Renovierung als Glanzstück einer gotischen Hallenkirche geltende Bauwerk sollte abgerissen und im Freilichtmuseum Kommern wieder aufgebaut werden. Die Bevölkerung hat das verhindert.

Voreifel

*** **Bürvenich,** ehemalige Abteikirche der Zisterzienserinnen mit einem gotischen Schnitzaltar, der in der Not verkauft wurde und schließlich wieder heimgekehrt ist.

** **Elsig,** Pfarrkirche Heilig Kreuz. Eine unscheinbare Dorfkirche mit reich gestaltetem Freskenprogramm und einem Triptychon des 15. Jahrhunderts.

** **Frauenberg,** Pfarrkirche St. Georg mit dekorativen Gewölbemalereien der Spätgotik, wiederentdeckten Fresken und einem kostbaren gemalten Flügelaltar des Meisters der Kölner Schule um 1480.

Vulkaneifel

* **Kerpen,** ehemalige Burg- und heutige Pfarrkirche St. Stephan und St. Sebastian. Ihre einzigartige Lage macht sie so sehenswert.

Niederkyll, Pfarrkirche St. Hubertus. Als einzige Einstützenkirche der Eifel hat die Hubertuskirche in Niederkyll einen Holzpfeiler, statt steinerner Säule, der das Gewölbe trägt.

** **Steinborn,** Pfarrkirche St. Lambertus. An den steilen Berghang geschmiedet, entstand bereits im frühen Mittelalter die Kirche St. Lambertus mit ihrer reichen Ausmalung, die viel über die Geschichte des Ortes und der Region verrät.

Westeifel mit belgischer Eifel

** **Bleialf,** Pfarrkirche Mariä Himmelfahrt. Jahrhunderte unter einer Kalkschicht verborgen, wurde ein mittelalterlicher Freskenzyklus in der Kirche des kleinen Bergbauortes erst vor wenigen Jahren entdeckt.

** **Fleringen,** Pfarrkirche St. Lukas, ein verstecktes barockes Kleinod.

** **Gondelsheim,** Pfarrkirche St. Fides, Spes und Caritas. Die kostbare gotische Kirche wurde 1944/45 weitgehend zerstört und mit viel Geschick wieder zu einem Kleinod unter den Westeifeler Kirchen gemacht.

* **Lambertsberg,** Pfarrkirche St. Lambertus. Angesichts der meisterlichen Reliefs mit Szenen aus der Kindheit Jesu an der Kanzel aus dem 16. Jahrhundert kann man einen Besuch in dieser alten Wallfahrtskirche als „Privatbesuch bei Jesus und seiner Familie" bezeichnen.

In der Bleialfer Kirche wurde erst vor wenigen Jahren ein mittelalterlicher Freskenzyklus entdeckt.

** **Meckel,** ehemalige Pfarrkirche St. Bartholomäus. Ein einzigartiges, rein romanisches Kirchenkleinod ist diese Kirche auf dem Friedhof.

Ouren/B, ehemalige Pfarrkirche St. Peter. An der Our in der belgischen Eifel steht eine der ältesten Kirchen Ostbelgiens.

* **Prümzurlay,** ehemalige Burg- und heutige Pfarrkirche St. Hubertus. Ihr besonderer Wert liegt in zwei kostbaren gotischen Madonnen und einem reichen Schmuck mit schönen Schlusssteinen.

** **Roth an der Our,** ehemalige Deutschordenskirche St. Peter. Beherrschend hoch über der Our, ist diese ehemalige Deutschordenskirche eine der großartigsten romanischen Kirchen der Eifel.

** **Weidingen,** Wallfahrtskirche Mariä Empfängnis. Wohl keine andere Kirche in der Eifel präsentiert sich als solches Barockwunder wie die abseits des großen Verkehrs gelegene Wallfahrtskirche in Weidingen.

Weweler/B, ehemalige Pfarrkirche St. Hubertus, hoch auf dem Berg über der Our gelegen, ist sie ein weithin sichtbares Wahrzeichen der belgischen Eifel.

Ahrtal und Hocheifel

Dümpelfeld | Kirmutscheid | Wehr

Dümpelfeld, alte Pfarrkirche St. Cyriakus

Lage

Dümpelfeld, PLZ 53520, ist eine Ortsgemeinde in der Verbandsgemeinde Adenau und gehört damit zum Landkreis Ahrweiler. Der Ort liegt im oberen Ahrtal an der B 257 zwischen Adenau und Bad Neuenahr-Ahrweiler.

Entfernungen

- Von Aachen 111 km über die B 258 Richtung Koblenz über Monschau und Schleiden bis Kirmutscheid, links ab nach Adenau, B 257 nach Dümpelfeld.
- Von Köln 67 km über die A 1 Richtung Trier bis Blankenheim, B 258 Richtung Koblenz bis Kirmutscheid, weiter wie vor unter Aachen.
- Von Bonn 40 km über die A 565 bis Kreuz Meckenheim, B 257 über Bad Neuenahr-Ahrweiler nach Dümpelfeld.
- Von Koblenz 69 km über die B 258 Richtung Aachen bis Kirmutscheid, rechts ab nach Adenau, B 257 nach Dümpelfeld.
- Von Trier 103 km über die B 51 Richtung Köln bis Bitburg, A 60 Richtung Lüttich bis Prüm, B 51 Richtung Köln bis Blankenheim, weiter wie oben unter Aachen.

Zugangsmöglichkeit

Die Kirche ist grundsätzlich verschlossen. Den Schlüssel oder doch zumindest Zugang zur Kirche bekommt man über Herrn Schlömp in Dümpelfeld, Tel. 0 26 95/93 10 21.

Einkehrmöglichkeit

Hotel-Café-Restaurant Schäfer, 53520 Schuld/Ahr,
Tel. 02695/340, Fax 1671, E-Mail: Hotel-Schaefer@t-Online.de,
www.Hotel-Schaefer-Schuld.de

Infos

Tourismus & Service GmbH Ahr-Rhein-Eifel, Felix-Rütten-Str. 2,
53474 Bad Neuenahr-Ahrweiler, Tel. 02641/97730,
E-Mail: info@tour-i-center.de; Website: www.tour-i-center.de

Geschichte

Die dem heiligen Cyriakus geweihte alte Kirche in Dümpelfeld liegt etwas oberhalb des Ortskerns beherrschend inmitten des Friedhofs. Die mächtigen, unverputzten Bruchsteinmauern mit den kleinen Fenstern weisen die Kirche als sehr alt aus. Der wuchtige Turm, der sich nach oben leicht verjüngt, stammt ebenso wie ein Teil der Mauern des Schiffs noch von einem romanischen Vorgängerbau aus dem 13. Jahrhundert.

Die Kirche in ihrer heutigen Form entstand in der Mitte des 15. Jahrhunderts. Dabei erhielt die Kirche auch ihren Fünfachtelchor. Dank der das Gewölbe tragenden beiden Pfeiler ist das Kirchenschiff zweigeteilt, wie bei einigen anderen Stützenkirchen in der Eifel.

Die Pfarrkirche St. Cyriakus

Als zur Zeit der französischen Verwaltung Anfang des 19. Jahrhunderts der Zuschnitt der Pfarreien geändert wurde, kam Dümpelfeld von der Erzdiözese Köln zur neu geschaffenen Diözese Aachen und später zu Trier, wohin es heute noch gehört.

Kircheninneres

Mitte des 20. Jahrhunderts war die Kirche zu klein geworden für den stark gewachsenen Ort, so wurde 1966 eine neue Kirche gebaut und eingeweiht. Sie ist ein architektonisch sehr interessanter, ansprechender Bau, den man sich unbedingt ansehen sollte. Beim Aufstieg zur alten Kirche führt der Treppenweg ohnehin an der neuen Kirche vorbei. Inzwischen ist die zeltförmige, neue Kirche viel zu groß für die schrumpfende Gemeinde, die alte Cyriakuskirche jedoch wird nur noch für Totenmessen und einmal im Jahr für die feierliche Palmweihe am Palmsonntag genutzt. Auch am Festtag des heiligen Cyriakus, dem 8. August, gibt es eine Messe in der alten Kirche.

Das Patrozinium

Der heilige Cyriakus, dessen Fest am 8. August gefeiert wird, gehört zwar zu den 14 Nothelfern (Wie viele davon gibt es eigentlich?), doch seine Verehrung ist nicht sehr verbreitet.

Über die Herkunft des Heiligen ist nichts Näheres bekannt. Er soll um 300 in Rom zum Diakon geweiht worden sein und dort etwa 305 den Märtyrertod erlitten haben.

Dafür ist seine überlieferte Lebensgeschichte, die sogenannte *Vita*, umso abenteuerlicher. Weil er Christ war, soll Kaiser Maximian (286-305) ihn als Zwangsarbeiter beim Bau einer Thermenanlage eingesetzt haben. Eines Tages fuhr ein Teufel in Arhemia, die Tochter Kaiser Diokletians (284-305), der zeitweise zusammen mit Maximian Kaiser war, und schrie, er würde sich nur von Cyriakus vertreiben lassen.

Der Hochaltar mit St. Cyriakus (links) und St. Antonius (rechts)

Cyriakus, von Diokletian um Hilfe gerufen, trieb den Teufel aus, der ihm dabei zugerufen haben soll, er, Cyriakus, werde alsbald nach Babylon reisen müssen. Tatsächlich ließ der Perserkönig Sapor ihn nach Babylon, der heutigen Stadt Han-al-Mahawil im Irak, rufen, damit er die Königstochter Jobias von einem Teufel befreie. Als Cyriakus auch diesen bösen Geist vertrieben habe, soll sich der König mit seiner ganzen Familie taufen gelassen haben.

Cyriakus kehrte nach Rom zurück, wo er sehr bald wiederum von Maximian ergriffen wurde, der ihn mit siedendem Pech habe übergießen und enthaupten lassen.

In Rom gab es schon sehr früh eine dem heiligen Cyriakus geweihte Kirche in der Nähe der Thermen des Diokletian. Im Laufe der Zeit kamen Reliquien des Heiligen unter anderem nach Worms, nach Bamberg und ins Elsass. In der Pfalz, wo Cyriakus nach einer anderen Version seiner Vita in Lindenberg als Eremit gelebt haben soll, wird der Heilige als Patron der Winzer und des Weinbaus verehrt.

Das Kircheninnere

Gotisches Portal

Man betritt die Kirche in der Regel durch das Nordportal, ein noch aus gotischer Zeit stammendes Portal mit kunstvollen gotischen Eisenbeschlägen. Das aus dem 15. Jahrhundert stammende Westportal mit seinen ebenfalls rund 600-jährigen Eisenbeschlägen wird nur bei Begräbnisfeierlichkeiten genutzt.

Das Innere präsentiert sich als zweischiffige Stützenkirche, die mit großem finanziellen Aufwand und beispielhafter Einsatzbereitschaft der Gemeindemitglieder restauriert wurde. Zur Zeit der Fertigstellung dieses Buchs (Juli 2012) harrte lediglich die Orgel noch der Restaurierung. Auch war zu diesem Zeitpunkt noch nicht klar, ob diese alte Königorgel wieder in der alte Kirche oder in der neuen aufgestellt werden soll. Im Zuge der Restaurierung wurden die Freskenmalereien in den Gewölbezwickeln entdeckt, freigelegt und soweit wie möglich wiederhergestellt.

Gewölbefresken

Links und rechts des Triumphbogens, der das Schiff vom Chor trennt, stehen zwei barocke Seitenaltäre von 1694, aus der Werkstatt eines Schreiners aus Antweiler. Auf dem linken Seitenaltar ist ein Gemälde zu sehen, das, 1619 entstanden, wohl die älteste bekannte Darstellung der Kirche zeigt.

Hochaltar mit Darstellung der Verkündung

Gemälde auf dem Seitenaltar von 1600, die älteste Darstellung der Kirche

Der den kleinen Chor beherrschende Hochaltar ist eine Holzschnitzarbeit unbekannten Alters, die jedoch bereits 1694 restauriert wurde. Auf diesem Hochaltar steht links über dem Tabernakel der heilige Cyriakus, der einen Drachen zertritt. Damit spielt diese Darstellung an auf die Teufelsaustreibung bei der besessenen Tochter des Kaisers Diokletian.

Der heilige Cyriakus, der einen Drachen zertritt.

Im Volksmund ist dieser Heilige der „Schweinetünnes".

Auf der rechten Seite ist eine Statue des heiligen Antonius, des Eremiten, aufgestellt. Im Volksmund ist dieser Heilige der „Schweinetünnes", wird er doch seit dem späten Mittelalter als Schutzpatron der Schweine verehrt. Unter der langen Mönchskutte ist neben dem rechten Bein des Heiligen ein Schwein zu sehen. Wenn man bedenkt, welch große Bedeutung Schweinefleisch für die Ernährung der Bauern früher hatte, kann man die große Verehrung verstehen, die dieser Heilige seit Jahrhunderten in ländlichen Regionen wie der Eifel genießt.

Die Pfarrkirche St. Cyriakus

Kirmutscheid, Pfarrkirche St. Wendelin

Lage

Kirmutscheid, PLZ 53534, liegt an der B 258 Aachen-Koblenz, gehört zur Ortsgemeinde Wirft und damit zur Verbandsgemeinde Adenau im Kreis Ahrweiler.

Entfernungen

- Von Aachen 123 km über die B 258 Richtung Koblenz bis Kirmutscheid.
- Von Köln 79 km über die A 1 Richtung Trier bis Blankenheim, B 258 Richtung Koblenz bis Kirmutscheid.
- Von Bonn 52 km über die B 56 bis Euskirchen zur A 1, A 1 Richtung Trier bis Blankenheim, B 258 Richtung Koblenz nach Kirmutscheid.
- Von Koblenz 38 km über die B 258 Richtung Aachen bis Kirmutscheid.
- Von Trier 117 km über die A 605 Richtung Koblenz bis Dreieck Mosel, A 48 Richtung Koblenz bis Ausfahrt Daun-Mehren, B 410 Richtung Mayen bis Kelberg, B 257 Richtung Nürburgring bis Pomster, B 258 Richtung Aachen nach Kirmutscheid.

Zugangsmöglichkeit

Die Kirche ist grundsätzlich verschlossen, den Schlüssel hat die Küsterin Christa Fehling, Tel. 02691 / 417. Besichtigung der Kirche nur in Begleitung von Frau Fehling. Entgelt: Fürs „Körbchen".

Einkehrmöglichkeit

Kirmutscheid selbst bietet keine passende Einkehrmöglichkeit. Eine interessante Adresse ist das *Restaurant Bambus* im nahe gelegenen Angelpark Barweiler Mühle, 53543 Barweiler, Tel. 02691 / 7684.

Infos

Tourismus & Service GmbH Ahr-Rhein-Eifel, Felix-Rütten-Str. 2, 53474 Bad Neuenahr-Ahrweiler, Tel. 0 26 41 / 9 77 30, E-Mail: info@tour-i-center.de; Website: www.tour-i-center.de

Geschichte

Die Pfarrkirche St. Wendelin

Die Kirche St. Wendelin ist ein wahrhaftes Kleinod, eine Kostbarkeit und Idylle, wie es deren nicht viele in der Eifel gibt. Wer auf der B 258 zwischen Aachen und Koblenz unterwegs ist, kann diese Kirchenkostbarkeit mit dem hohen, spitzen, gotischen Kirchturm auf einem Hügel, den der Trierbach durch seine Windungen zur Halbinsel macht, zumindest bei Tage nicht übersehen. Sie gehört einfach zu den Wahrzeichen der Eifel.

Kirmutscheid, das heute neben der Kirche nur noch aus dem ehemaligen Pfarrhaus, der nicht mehr genutzten Schule und ein paar weiteren Häusern besteht, ist das, was man einen *Flecken*, einen Wohnplatz, vielleicht auch einen *Weiler* nennt. Eine Mühle, die noch bis 1950 hier existiert und gearbeitet hat, gibt es inzwischen nicht mehr.

Schon die Entstehung dieser Kirche, die einmal Pfarrkirche für mehrere Dörfer war, ist geheimnisumwoben, von einer Sage umrankt und vielleicht sogar mit einem Wunder verbunden. Diese Sage erzählt, dass

Graf Ulrich von Are, der Erbauer der nahe gelegenen Nürburg, sich einst bei einem Jagdausflug im urwaldähnlichen Dickicht bei der Verfolgung eines Hirsches auf dem nahe gelegenen Engelberg verirrt habe. In seiner Not soll der Graf das Gelübde abgelegt haben, an der Stelle, an der er wieder aus dem Dickicht herauskäme, eine Kirche zu bauen. Er fand einen Weg aus dem verfilzten Wald und ließ sofort seine Leute damit beginnen, an der Stelle Baumaterial für den Bau einer Kirche zusammenzutragen. Doch schon am nächsten Tag war das Material verschwunden. Das wiederholte sich ein paar Mal, und da das gesamte Material auf der Kuppe des vom Trierbach umflossenen Hügels wiedergefunden wurde, sah der Graf das als ein Zeichen Gottes an und ließ mit dem Bau der Kirche beginnen.

Ob diese Kirche die erste auf dem Hügel war oder ob sie als Ersatz für eine baufällig gewordene Kirche errichtet wurde, ist nicht bekannt. Auch das genaue Jahr der Errichtung durch Graf Ulrich kennt man nicht. Es muss jedoch Anfang des 13. Jahrhunderts gewesen sein, denn bereits 1214, nach anderen Quellen 1224, überließ Graf Ulrichs Sohn, Gerhard von Are, die Kirche der Johanniterkommende in Adenau, die nicht nur als Patron der Kirche den Ordenspatron Johannes den Täufer aussuchte, sondern auch bis 1802 die Pfarrer für Kirmutscheid stellte. Das bedeutete jedoch nicht, dass seitdem auch ein Pfarrer vor Ort gewohnt hätte, denn erst 1709 nach der Erbauung des heute noch stehenden Pfarrhauses nahm erstmals ein Pfarrer seinen Wohnsitz in Kirmutscheid.

1802 wurde die Kommende von den Franzosen aufgehoben und eine neue Aufteilung der Pfarreien vorgenommen. Kirmutscheid, das bis dahin zur Erzdiözese Köln gehört hatte, wurde dem durch Napoleon neu geschaffenen Bistum Aachen zugeordnet, kam aber schon 1824 zum Bistum Trier. Der Trierbach, der den Kirchenhügel umfließt, bildet streckenweise die Bistumsgrenze zwischen Köln und Trier, worauf der Namensteil *-scheid* des Ortes zurückzuführen ist.

Im 15. Jahrhundert erwies sich der Kirchenbau der Grafen von Are als zu klein, die Kirche wurde neu errichtet und zwar in der Form der Spätgotik. In dieser Zeit entstand auch der schlanke, hohe Kirchturm. Damals war die Kirche Pfarrkirche für mehrere Gemeinden, unter anderem Wirft und Kottenborn.

Äußerlich präsentiert sich St. Wendelin noch weitgehend in der Gestalt, die sie im 15. Jahrhundert bekommen hat, lediglich die an den Chor angefügte und von diesem überragte Sakristei ist jünger.

St. Wendelin

Das Patrozinium

Ursprünglich war die Kirche Johannes dem Täufer geweiht, vielleicht verständlich, denn dieser Heilige war der Patron der Johanniter, und die Kirche von Kirmutscheid war wahrscheinlich von Anfang an eine Eigenkirche der Adenauer Johanniterkommende. Es lässt sich heute nicht mehr feststellen, ob die Patroziniumsänderung von Johannes dem Täufer auf Wendelin mit der Auflösung der Komturei Adenau 1802 zusammenhängt.

Soweit ersichtlich, ist die Kirche in Kirmutscheid die einzige Kirche in der Eifel, die dem heiligen Wendelin geweiht ist, dessen Namensfest am 20. Oktober gefeiert wird.

Wendelin war nach seiner *Vita*, seiner Lebensgeschichte, der Sohn eines iro-schottischen Königs. Als Kronprinz verzichtete er auf den Thron, um Gott im Verborgenen zu dienen. Er begab sich auf eine Pilgerfahrt nach Rom, kam bei der Rückreise in der Nähe der heutigen Stadt St. Wendel an der Saar in tiefe Einsamkeit, in der er zunächst als Eremit lebte. Später diente er einem Edelmann als Hirte und hütete Kühe, Schafe und Schweine. Nach einer weiteren Zeit als Eremit trat Wendelin als Mönch in das Benediktinerkloster Tholey an der Saar ein, als dessen Abt er 617 starb.

Auf sein zeitweiliges Leben als Hirte ist es zurückzuführen, dass dieser Heilige, ähnlich wie der heilige Leonhard oder die heilige Brigida von Irland, früher als Schutzpatron für das Hausvieh verehrt wurde. Er gilt immer noch als Schutzpatron der Schäfer.

Die Verehrung des heiligen Wendelin hier in der Eifel mag damit zusammenhängen, dass der berühmte Kardinal und Gelehrte Nikolaus Cusanus dank seiner Beziehungen zu den mächtigen Eifeler Grafen von Manderscheid-Blankenheim in der Eifel viel Einfluss hatte, in jungen Jahren sieben Jahre Pfarrer in St. Wendel an der Saar gewesen und dadurch mit der Verehrung dieses Heiligen vertraut war. Das ist allerdings nur eine Vermutung des Autors. Belegen lässt sich das nicht.

Das Kircheninnere

Man betritt die Kirche durch eine kleine Vorhalle im Turm, die um 1700 entstanden ist. Das Sterngewölbe des Turms mit dem Lamm Gottes im Schlussstein und die gemalten Blumenranken an der Decke können bereits ahnen lassen, welch kostbare Innenausstattung den Besucher im Kirchenschiff erwartet.

Das Sternengewölbe mit Schlussstein

Dudelsackspieler auf Distelblüten

Sie fällt allerdings nicht sofort auf, weil eine erst Anfang des 20. Jahrhunderts eingebaute Empore die Sicht verdeckt. In der Mitte der Kirche jedoch entfaltet St. Wendelin seine ganze Pracht. Wie die Fäden eines Spinnennetzes überziehen die Rippen der Sterngewölbe die Decke der zweijochigen Saalkirche. Diese Decke ist üppig bemalt, wobei unter den Blumendarstellungen überall Distelblüten auftauchen. In diesen Distelblüten sitzen Figuren mit Schottenrock und Schottenmütze, die Flöte oder das schottische Nationalinstrument, den Dudelsack, spielen. Die Distel ist Schottlands Nationalblume, und diese Malerei ist natürlich eine Reverenz an den Kirchenpatron, den schottischen Königssohn Wendelin. Vor allem in die freien Felder des Gewölbes sind die Wappen verschiedener Eifeler Grafengeschlechter hineingemalt, so Virneburg, Jülich, Manderscheid-Blankenheim, Arenberg und von der Marck.

Konsole – heiliger Matthias

Bemerkenswert sind die Konsolen, die, farbig gestaltet in Form von Köpfen, das Sterngewölbe tragen. Man kann einige der Köpfe, dank der gemalten Beigaben, als Heiligenköpfe identifizieren. So erkennt man am Beil den heiligen Matthias, am Kelch Johannes den Evangelisten.

Der Hochaltar aus dem 17. Jahrhundert

Der aus dem 17. Jahrhundert stammende Hochaltar wurde aus der Wallfahrtskirche Mühlenwirft übernommen. In ihn integriert ist eine außerordentlich ausdrucksstarke, holzgeschnitzte Beweinungsgruppe aus dem Anfang des 16. Jahrhunderts mit der Mutter Maria in der Mitte, Johannes dem Evangelisten links und Maria Magdalena rechts. Der Altar ersetzt einen ursprünglich hier stehenden Altar der heiligen Sophia mit ihren Töchtern Fides, Spes und Caritas, der sich heute im Schnütgenmuseum in Köln befindet.

Links und rechts neben dem Altar stehen die Figuren der beiden Patrone der Kirche, St. Wendelin links mit der Schäferschippe und Johannes der Täufer rechts.

Besonders schön ist das Wendelinusfenster in der Westwand. Es zeigt den heiligen Wendelin inmitten einer Schafherde, darunter die Kirche von St. Wendel im Saarland. Neben ihr ist die Kirche von Kirmutscheid zu sehen hinter einem Hirtenmädchen.

Das Wendelinusfenster in der Westwand

Die heilige Frau Kümmernis

Das vielleicht interessanteste und in gewisser Weise kostbarste Kunstwerk in der Kirche dürfte das Kümmerniskreuz sein, das an wechselnden Stellen aufgestellt wird. Derzeit (Juli 2012) steht es in einer Fensternische in der Nordwand der Kirche unter der Empore. Eine Frau im fußlangen Kleid oder Mantel, aber unübersehbar mit Vollbart und Königskrone auf dem Kopf, ist hier ans Kreuz geschlagen dargestellt.

Die gekreuzigte Frau ist nach einer Legende, die sich seit Ende des 15. Jahrhunderts entwickelt hat, die heilige Kümmernis, auch Kummernus oder Wilgefortis (vom lateinischen virgo fortis = tapfere Jungfrau), die Tochter eines heidnischen Königs von Portugal, die Christin wurde und sich weigerte, den ihr vom Vater ausgesuchten heidnischen Bräutigam zu heiraten. Sie flehte Gott um Hilfe an, woraufhin ihr ein Vollbart wuchs, und ihr Vater sie aus Wut kreuzigen ließ. Sterbend hat sie vom Kreuz aus noch drei Tage lang gepredigt und viele Menschen bekehrt, auch ihren Vater.

Während sie sterbend am Kreuze hing, kam ein Spielmann mit seiner Geige des Weges, hielt an und spielte ihr zum Trost ein Lied. Die sterbende Heilige schleuderte ihm einen ihrer goldenen Schuhe zu. Sehr bald kam der Spielmann in den Verdacht, diesen Schuh gestohlen zu haben und wurde zum Tode verurteilt. Bevor er gerichtet wurde, durfte er jedoch nochmals zu Wilgefortis und spielte abermals eine Melodie auf seiner Geige. Daraufhin ließ die Heilige auch den zweiten Schuh fallen, womit des Geigers Unschuld bewiesen war.

Diese Geschichte mit dem Geiger entstand wahrscheinlich in der Stadt Lucca in der Toscana und verbreitete sich vor allem in Süddeutschland und Südeuropa. Sie inspirierte Justinus Kerner 1816 zu seiner Ballade „Der Geiger zu Gmünd“. Auch die Brüder Grimm haben sie in die erste

Fassung ihrer Märchen aufgenommen. Vielfach ist auf mittelalterlichen Darstellungen der Geiger zu Füßen der Gekreuzigten dargestellt.

Das Kümmerniskreuz

1583 wurde die heilige Wilgefortis ins *Martyrologium Romanum* aufgenommen, ins römische Verzeichnis der Märtyrer. Inzwischen ist die Eintragung längst gelöscht. Es gilt heute als sicher, dass es diese Heilige nie gegeben hat, dass die Legende und der Kult auf einem Missverständnis beruhen. Bis etwa 1500 wurde der gekreuzigte Christus, anders als heute, häufig mit einem fußlangen Gewand, einer Tunika, bekleidet, ohne Dornenkrone und noch lebend dargestellt. Dann setzte sich die heute übliche Darstellung durch, den toten Gottessohn nur mit einem Lendenschurz bekleidet, ans Kreuz genagelt, zu zeigen. Die Menschen konnten dann mit der älteren Darstellung des sogenannten *Volto Santo*, des Heiligens Gesichts, nichts mehr anfangen. So entstand die Sage um die heilige Kümmernis.

Eine sehr schöne Darstellung der heiligen Wilgefortis, der Frau Kümmernis, gibt es auf einem Wandgemälde aus dem 14. Jahrhundert in der Agneskapelle des Kölner Doms.

Wehr, Pfarrkirche St. Potentius

Lage

Wehr, PLZ 56553, liegt in der östlichen Eifel in der Verbandsgemeinde Brohltal und gehört zum Kreis Ahrweiler.

Entfernungen

- Von Aachen 123 km über die A 4 Richtung Köln bis Kreuz Kerpen, A 61 Richtung Koblenz bis Wehr.
- Von Köln 79 km über die A 1 Richtung Trier bis Kreuz Bliesheim, A 61 Richtung Koblenz bis Wehr.
- Von Bonn 52 km über die A 565 Richtung Altenahr bis Kreuz Meckenheim, A 61 Richtung Koblenz bis Wehr.
- Von Koblenz 38 km über die A 48 Richtung Trier bis Kreuz Koblenz, A 61 Richtung Venlo bis Wehr.
- Von Trier 117 km über die A 605 Richtung Koblenz bis Dreieck Mosel, A 49 Richtung Koblenz bis Mayen-Ost, B 262 nach Mayen, B 256 bis Kruft, A 61 Richtung Venlo bis Wehr.

Zugangsmöglichkeit

Die Kirche mit ihrer kostbaren Innenausstattung ist im Inneren durch ein Eisengitter versperrt.

Auskunft über den Schlüssel und etwaige Führungen bekommt man unter Tel. 0 26 36 / 73 37 bei Herrn Scharrenbach oder Tel. 0 26 36 / 67 93 bei Herrn Doll.

Einkehrmöglichkeit

Landgasthof Zur alten Mühle, Gottschalksmühlenweg 20, 56637 Plaidt, Tel. 0 26 32 / 95 73 80, www.landgasthof-altemuehle.de.

Infos

Touristinformation Brohltal, Kapellenstraße 12, 56631 Niederzissen,
Tel. 02636/19433, Fax 80146,
E-Mail; tourist@brohltal.de; Website: www.brohltal.de

Geschichte

Wer die Autobahn A 61 bei der Ausfahrt Wehr verlässt und auf den Ort zufährt, sieht alsbald am westlichen Rande eines weiten Talkessels das stattliche Dorf, überragt von seiner Pfarrkirche mit dem mächtigen romanischen Turm. Der Wehrer Talkessel ist ein Vulkankrater, eine *Caldera*, wie man das nennt.

Schon sehr früh haben Menschen den fruchtbaren Boden dieser Caldera zu nutzen gewusst und haben hier gesiedelt. Bereits aus der frühen Bronzezeit um 1500 v. Chr. und aus der Eisenzeit hat man Siedlungsspuren hier gefunden. Aus der Römerzeit sind Spuren von zwei großen Hofanlagen festgestellt worden, die jedoch wegen der ackerbaulichen Nutzung des Geländes nicht freigelegt und rekonstruiert werden konnten. Aber man konnte ermitteln, dass die größere der beiden Anlagen allein für den Gebäudekomplex eine Fläche von 1.100 m² benötigt hatte.

Zwischen den beiden Römersiedlungen, nahe dem schützenden Berghang, entwickelte sich in fränkischer Zeit eine Großsiedlung, die möglicherweise dem Königsgeschlecht der Merowinger gehört hat. Um das Jahr 920 jedoch gehörte sie dem Gaugrafen Sibido von Aare-Hochstaden, der das Kloster Steinfeld in der Nordeifel für adlige Benediktinerinnen stiftete. Er schenkte seinen Besitz im Kraterkessel diesem Kloster. 1126 wurde Steinfeld in ein Prämonstratenser-Chorherren-Stift umgewandelt. Bis zur Säkularisation Anfang des 19. Jahrhunderts gehörte Wehr zur Abtei Steinfeld, die Äbte nannten sich „Herrn zu Wehr“. Sie übten die niedere und hohe Gerichtsbarkeit aus.

Am Rande des Dorfes wurde das alte Hofgut durch die Steinfelder Äbte in eine *Kellnerei* umgewandelt. So nannte man damals den Amtssitz des Vertreters des Abtes, dem die Verwaltung der der Abtei Steinfeld gehörenden Güter oblag. Dieser Verwalter wurde *Kellner*, lateinisch *cellerar*, genannt. Im Laufe der Zeit wurde aus *Kellnerei* der Begriff *Kellerei*, der sich bis heute erhalten hat.

Ehemaliges Kellereigebäude

Am Rande der *Kellnerei* gab es eine kleine, dem heiligen Martin geweihte Kirche. Sie wurde um 1230 durch eine neue, größere, steinerne Kirche ersetzt, deren romanischer Turm heute noch als Kirchturm erhalten ist. In der zweiten Hälfte des 17. Jahrhunderts errichtete die Abtei Steinfeld neue Wirtschaftsgebäude in gewaltigen Ausmaßen. Zwischen 1700 und 1702 riss man die romanische Kirche ab und errichtete ein barockes Kirchenschiff. Rund 25 Jahre später kam es zum Neubau des riesigen Wohngebäudes der *Kellnerei*, der sogenannten *Propstei*.

Als 1802 die Abtei Steinfeld aufgelöst wurde, bedeutete das auch das Ende der *Kellnerei*. Der Komplex wurde bis 1830 an die Bürger von Wehr verkauft, Scheunen und Stallungen teilte man, baute sie entweder in Wohnungen um oder nutzte sie weiterhin als Scheunen. 1829 schließlich kauften Pfarr- und Zivilgemeinde zu gleichen Teilen das Propsteigebäude, das bis vor wenigen Jahren teils als Pfarrhaus, teils als Schule genutzt wurde.

Die Kirche

Die erste Kirche war wahrscheinlich nur eine Kapelle, die am Rande des merowingischen Hofkomplexes gebaut wurde. Dieser Randlage des ersten, wahrscheinlich merowingischen Gotteshauses entspricht bis heute die Randlage der Pfarrkirche. Um 1230 war die Kapelle wohl zu klein geworden für die allmählich bei der Hofanlage entstehende Siedlung. So wurde sie abgerissen und durch einen neuen, steinernen Kirchenbau ersetzt, der wesentlich mehr Menschen fassen konnte. Damals in der Zeit der Romanik entstand zu dieser neuen Kirche auch jener Kirchturm, der sich bis heute in seiner romanischen Form erhalten hat. Da zu dieser Zeit der späten Romanik auch im nahen Maria Laach mit Hochdruck an der Entstehung der gewaltigen Abteikirche gearbeitet wurde, nimmt man an, dass die Gestaltung des Turms zu Wehr maßgeblich von der Laacher Bauhütte beeinflusst wurde.

Die Pfarrkirche St. Potentius mit Pfarrgarten

Das Untergeschoss des Turms ist völlig geschlossen, es gibt keine Fenster, nicht einmal eine Luke. Auch das zweite Stockwerk wirkt wie eine Wehranlage, lediglich einige kleine Lichtschlitze im oberen Teil lockern den düsteren Eindruck ein wenig auf. Je weiter es nach oben geht, umso aufgelockerter wird das Bild. Das dritte und vierte Geschoss wirkt geradezu freundlich mit seinen lisenengerahmten Rundbögen und Rundfenstern.

Lange hatte die Abtei Steinfeld bereits die fertigen Pläne für einen barocken Neubau der Kirche, doch Kriegswirren und Feuersbrünste sorgten dafür, dass die Realisierung immer wieder verschoben werden musste. Im Februar 1700 war es dann so weit, die romanische Kirche wurde vollkommen abgerissen, lediglich den Turm ließ man stehen. Zwar sahen die ursprünglichen Pläne einen Neubau des Kirchenschiffs im Stil der Spätgotik vor, doch während der langen Verzögerung wandelte sich das Stilempfinden. Und die Kirche zu Wehr, die im Oktober 1702 fertig geworden und geweiht worden war, entstand bereits im Stil des frühen Barock. Das war für deutsche Verhältnisse sehr früh, hatte aber angeblich einen persönlichen Hintergrund. Der Steinfelder Abt soll persönlich eng mit dem damaligen Papst Innozenz XII. (1676-1689) befreundet gewesen und den neuen, aus Italien kommenden Stilempfindungen gegenüber sehr offen gewesen sein.

Rein äußerlich ist der Kirche der Barockstil kaum anzusehen. Das mag auch daran liegen, dass der gesamte Bau aus dunklem Tuffstein der Region, einem vulkanischen Gestein, gebaut ist und recht düster wirkt.

Das Patrozinium

Die erste Kapelle war dem heiligen Martin geweiht, einem der wichtigsten Heiligen der Merowingerzeit. Dieses Patrozinium wurde über Jahrhunderte auch für die romanische Kirche beibehalten. Erst die 1702 fertig gestellte heutige Kirche wurde dem heiligen Potentius geweiht, welches Patrozinium bis heute beibehalten wurde. Es ist das gleiche Patrozinium, unter dem die Steinfelder Abteibasilika steht. Das Fest dieses Heiligen wird am 18. Juni gefeiert.

Der heilige Potentius ist ein früher Heiliger, von dem nicht viel, genauer gesagt, fast gar nichts Nachweisliches überliefert ist. Zu seinem Leben gibt es zwei grundverschiedene Versionen.

Nach der einen, die im neunten Jahrhundert entstand, wurde er Anfang des vierten Jahrhunderts als Sohn eines edlen aquitanischen Geschlechts geboren. Mit seinen beiden Söhnen Felicius und Simplicius bereiste er alle heiligen Stätten und kam nach Trier zu Bischof Maximinus († 349), den er bat, ihm einen Ort anzuweisen, wo er mit seinen Söhnen ein heiligmäßiges Leben führen könnte. Maximinus schickte ihn an die untere Mosel nach Karden zum heiligen Kastor, wo er bis zu seinem Tode blieb.

Nach der anderen Version, im 14. Jahrhundert entstanden, war er der Sohn eines in Paris residierenden heidnischen Frankenkönigs. Er wurde Christ und schließlich Bischof von Paderborn. Als er versuchte, seine ebenfalls christliche Schwester aus ihrer heidnischen Umgebung herauszulösen, wurde er von den Heiden durch Pfeilschüsse getötet, weshalb der heilige Potentius oft mit Pfeilen in der Hand dargestellt wird.

Das Kircheninnere

Frei zugänglich ist nur der Kirchenvorraum, aus dem der Besucher durch ein Eisengitter ins Innere des prachtvollen frühbarocken Kirchenschiffs blicken kann. Es lohnt, sich um den Kirchenschlüssel zu bemühen, um sich ein genaues Bild dieser Kirche machen zu können, von der gesagt wird, dass sie eine der letzten barocken Dorfkirchen im Erzbistum Köln ist, die im 19. Jahrhundert dem Neugotisierungswahn entgangen sei. Heute gehört Wehr zum Bistum Trier.

Architektonisch entspricht das Kircheninnere noch nicht der neuen Kunstrichtung des Barock, hier bestimmt eindeutig die Vertikale den Bau.

Der Hochaltar mit den beiden Seitenaltären

Dafür aber ist die Inneneinrichtung umso überzeugender vom Barock geprägt, und zwar, anders als etwa in der Barockkirche des benachbarten Saffig (s. das Buch: *Die schönsten Kirchen der Eifel* des Verfassers, erschienen im Meyer & Meyer Verlag), noch mit den Originalgegenständen. Die gesamte Inneneinrichtung stammt aus einer Hand, aus der Hand des in Wehr 1645 geborenen Laienbruders Michael Pirosson, der jahrzehntelang die klostereigene Barockwerkstatt der Abtei Steinfeld geführt hat.

Hochaltar und die beiden Seitenaltäre bilden ein eindrucksvolles Ensemble. Im über 10 m hohen Hauptaltar kann über dem Drehtabernakel das Hauptbild ausgewechselt werden. In der oberen Etage des Altars sieht man die Himmelfahrt Christi, gesäumt links und rechts von den Figuren der Kirchenpatrone Potentius und Martin.

Die beiden Seitenaltäre sind zum einen der Gottesmutter und zum anderen dem heiligen Potentius geweiht. Alle Arbeiten sind aus Holz geschnitzt und

Madonna der Apokalypse

mit Echtgold überzogen, was der gesamten Einrichtung eine besondere Wärme verleiht. Lediglich die Kanzel gehört nicht zur ursprünglichen Ausstattung, sie kam erst 1738 in die Kirche. Das große Kruzifix, die Madonna mit Kind von 1350, die Anna Selbdritt von etwa 1450, stammen wahrscheinlich noch aus der Vorgängerkirche.

Der barocke Pfarrgarten

Die ursprüngliche kleine Martinskapelle stand innerhalb der Anlage des Gutshofs möglicherweise in einem Garten. Noch heute gehört der barocke Pfarrgarten unbedingt zur Kirche, bildet mit ihr ein in der Eifel einzigartiges Ensemble. Interessant sind hier vor allem die Nischen im nördlichen Teil der Umfassungsmauer, in ihnen standen im Mittelalter Bienenkörbe.

Von 2003 bis 2005 wurde der Garten durch den örtlichen Verschönerungsverein wieder instand gesetzt, Rasenanlagen und Blumenbeete geschaffen, sowie 90 Rebstöcke der Sorte „Regent" gepflanzt. Mit seiner Bepflanzung bietet sich dieser Pfarrgarten als ein typischer Blumen- und Bauerngarten der Barockzeit dar. Bis etwa 1970 wurde er noch von den jeweiligen Wehrer Pfarrern genutzt. Heute ist er eine frei zugängliche Anlage, die von den Bürgern von Wehr wie auch von Besuchern immer gerne aufgesucht wird.

In den Nischen in der Umfassungsmauer standen im Mittelalter Bienenkörbe.

Das Maifeld

Lonnig | Mertloch | Monreal | Polch

Lonnig, Pfarrkirche St. Jakobus d. Ä.

Lage

Lonnig, PLZ 56295, liegt auf dem Maifeld zwischen Mayen und der Mosel an der Autobahn A 48 Koblenz-Trier und gehört zum Kreis Mayen-Koblenz.

Entfernungen

- Von Aachen 143 km über die A 4 Richtung Köln bis Kreuz Kerpen, A 61 Richtung Koblenz bis Ausfahrt Plaidt, weiter über Ochtendung nach Lonnig.
- Von Köln 99 km über die A 1 bis Kreuz Bliesheim, B 61 Richtung Koblenz bis Ausfahrt Plaidt, weiter über Ochtendung nach Lonnig.
- Von Bonn 72 km über die B 565 bis Kreuz Meckenheim, A 61 Richtung Koblenz bis Ausfahrt Plaidt, weiter über Ochtendung nach Lonnig.
- Von Koblenz 22 km über die A 48 Richtung Trier bis Ausfahrt Ochtendung, rechts ab nach Lonnig.
- Von Trier 112 km über die A 602 Richtung Koblenz bis Dreieck Moseltal, A 48 Richtung Koblenz bis Ausfahrt Ochtendung, rechts ab nach Lonnig.

Zugangsmöglichkeit

Die Kirche ist ganztägig geöffnet und frei zugänglich.

Einkehrmöglichkeit

Restaurant Athen, Obertorstraße 4-6, 56294 Münstermaifeld,
Tel. 0 26 05 / 17 15.

Infos

Touristbüro der Verbandsgemeinde Maifeld, 56751 Polch,
Tel. 0 26 54 / 9 40 21 20; Website: www.maifeld.de

Geschichte

Es war um die Mitte des vierten Jahrhunderts n. Chr. In Trier residierte der später heilig gesprochene Bischof Maximin. Getrieben von einem drängenden Missionierungsbedürfnis, beauftragte er seine in Karden an der Mosel lebenden Schüler, die Priester Kastor und Libentius, die nach ihrem Tod ebenfalls heilig gesprochen wurden und noch heute im römischen Heiligenkalender verzeichnet sind, sich aufzumachen in das Hinterland von Karden, zum Maifeld am Rande der Eifel.

Die beiden Heiligen gründeten dort mehrere christliche Gemeinden, die zu den ältesten der Eifel gehören dürften. Eine besonders eifrige und tief religiöse Gemeinde war die von Lonnig, sodass es nicht verwundert, dass hier bereits sehr früh ein Kloster entstand. Wann das war, ist nicht bekannt. In einer Urkunde von 1142 wird es jedoch bereits erwähnt. In dieser Urkunde ist festgehalten, dass Kapelle und Klösterchen dem Abt Richard des Klosters Springiersbach geschenkt wurden. Zu Springiersbach siehe das Buch *Die schönsten Kirchen der Eifel* des Verfassers, erschienen im Verlag Meyer & Meyer.

Durch zahlreiche Schenkungen wurde das „Klösterchen“ von Lonnig so groß und bedeutend, dass es einen eigenen Abt erhielt, was 1148 durch eine Bulle des Papstes Eugen III. bestätigt wurde. Die Lonniger Mönche lebten nach der Regel der Augustiner. Bereits ehe dieses Kloster so aufblühte, gab es in Lonnig ein Frauenkloster, ebenfalls nach der Augustinerregel. In einer Urkunde heißt es dazu, „ein Kloster für Manns und Weipspersonen“.

Dass so etwas nicht lange gut gehen konnte, lag auf der Hand, und so hatte Kölns Erzbischof Adalbero als Aufsichtsbehörde bereits 1143 das Frauenkloster nach Vallendar bei Koblenz verlegt. Mönche und Nonnen waren vielleicht deshalb über längere Zeit in unerträglicher Weise über die Stränge geschlagen, weil es dem Kloster außerordentlich gut ging. Wirtschaftlich nahm das Doppelkloster einen geradezu rasanten Aufschwung, weil ihm viele Grundbesitzstiftungen zugedacht wurden. Es war damals die Zeit der Kreuzzüge. Natürlich wusste keiner der Teilnehmer, ob er lebend heimkommen würde, und so vermachte man, bevor es auf die lange Reise ins Heilige Land ging, dem Kloster Schenkungen, mit dem Hintergedanken, sich eine gute Rückkehr und notfalls die ewige Seligkeit sichern zu können.

Aber so rasch das Kloster aufblühte, so schnell kam der Niedergang. Am 1. Dezember 1326 griff Erzbischof Balduin von Trier ein und verlegte das Kloster – es war ja nur noch das Männerkloster – nach Mayen. In der Versetzungsurkunde wird genau das Problem beim Namen genannt, das zum Niedergang des Klosters geführt hat. Kloster Lonnig lag an einer vielbenutzten Straße, auf der viele Reisende, vor allem Pilger, unterwegs waren. Und mit bitterem Unterton verweist der Erzbischof darauf, dass allzu viele Reisende, die es eigentlich nicht nötig hatten, die Gastfreundschaft, die von den Mönchen im Namen Gottes gewährt wurde, schamlos ausgenutzt hätten. Dadurch sei „das Kloster bis zur größten Not an Lebensmitteln, Holz und allen alltäglichen Bedürfnissen, deren es gar nicht entbehren kann, herabgesunken …“. Soweit der Hintergrund, wie er in der Versetzungsurkunde dargestellt wird.

Heute gibt es keine baulichen Reste mehr von diesem Kloster, das eins der ältesten der Eifel war. Letzte Spuren verschwanden nach dem Zweiten Weltkrieg. Geblieben ist nur die Klosterkirche, oder, besser gesagt, ein wiederaufgebauter Teil von ihr.

Den Mönchen wurde in Mayen die Clemenskirche als neue Abteikirche zugewiesen. Zunächst war nach dem Umzug des Konvents nach Mayen nur ein Geistlicher in Lonnig zurückgeblieben, um die seelsorgerische Betreuung des Dorfs zu gewährleisten. Doch diese Verpflichtung wurde dem Konvent, der 1601 in ein Augustiner-Chorherren-Stift umgewandelt worden war, auf Dauer zu lästig, die Seelsorge in Lonnig brach ein. Obschon die Stiftsherren nach wie vor durch erzbischöfliche Anordnung verpflichtet waren, jeden Sonntag eine heilige Messe in Lonnig zu lesen, übertrugen sie diese Verpflichtung schon bald fremden Geistlichen, sodass auch die letzte Verbindung zu Lonnig erloschen war.

Die Kirche

Die in der Urkunde von 1148 erwähnte Kapelle war eine Rundkirche mit einem Durchmesser von 16,80 m. Wann sie erbaut wurde, ist unbekannt, wahrscheinlich aber vor 1100. Dafür spricht ihr rein romanischer Stil. In der Mitte war die Kirche von einer von acht Säulen getragenen Kuppel überwölbt. Um diese acht Säulen führte ein Rundgang, und zwar ein doppelter, einer im Erdgeschoss, einer in einer oberen Etage. Wahrscheinlich diente der untere Rundgang in der Zeit des Doppelklosters den Mönchen, der obere den Nonnen. Auffallend ist die doppelte Fensterreihe in der äußeren Umfassungsmauer, sie ist nur mit dem doppelstöckigen Rundgang zu erklären.

Die Pfarrkirche St. Jakobus d. Ä.

Etwa 80 Jahre nach der Ausweisung der Nonnen aus Lonnig begann der Konvent 1220 damit, die Rundkirche zu erweitern, der zwei Türme beigesellt werden sollten. Der Nordturm wurde in eine gewaltige Höhe gezogen, beim Südturm machte sich bereits Geldmangel bemerkbar. Der mächtige fünfstöckige Turm, der weit über das Maifeld hin als Wahrzeichen von Lonnig sichtbar ist, verrät dem Besucher vor Ort sofort, dass er nicht zu der heutigen kleinen Rundkirche passt. Für ihn muss eine Kirche ganz anderer Ausmaße geplant gewesen sein, man spricht von einer Kirche wie den Mariendom in Andernach.

Der Chor, reinste Romanik

Doch die Kosten überstiegen bei Weitem die Leistungskraft des Konvents. Erzbischof Theoderich gewährte zur Deckung der Baukosten ein Ablassprivilegium. Als auch das nicht reichte, musste der Konvent einen ihm gehörenden Gutshof in Minkelfeld verkaufen.

Ende des 16. Jahrhunderts begann man mit dem Abbruch der Rundkirche, und Ende des 17. Jahrhunderts waren Klostergebäude und Kirche nur noch Ruinen. 1836 waren von der einst prächtigen Rundkirche nur noch Mauerreste und der Vorbau erhalten. Daran knüpfte man 1751 an, als Lonnig eine selbstständige Pfarrei wurde und die halb verfallene Rundkirche als zunächst notdürftige Pfarrkirche genutzt wurde. 1836 waren dann die Restaurierungsmaßnahmen soweit gediehen, dass die alte Rundkirche, die durch ihren rein romanischen Stil jeden Besucher beeindruckt, wiederhergestellt war. Auch der nördliche Turm wurde gesichert und mit einem neuen Dach versehen, der südliche Turm bis auf den Stumpf abgetragen. Dieser Stumpf dient bis heute als Sakristei.

1961 begann man mit einem Erweiterungsbau, der an das Gotteshaus angefügt wurde, weil die Rundkirche zu klein geworden war. Es mag verständlicher Heimatstolz sein, der die Verfasserin des kleinen, in der Kirche ausliegenden Kirchenführers diese Neugestaltung als harmonisch und gut gelungen bezeichnen lässt. Rein äußerlich mag das richtig sein, im Inneren ist jedoch, offen gesagt, viel gesündigt worden. Im Eifer der Erneuerung wurde einfach alles dem Zeitgeist der 1960er-Jahre angepasst. Man versuchte, wie es in dem Führer heißt, die Kirche nach der damaligen Auffassung zu renovieren und trotzdem alles dem romanischen Baustil anzupassen. Das ist gründlich danebengegangen. Nicht nur, dass der alte Holzaltar, die Kommunionbank, die Kanzel, die alten Bänke und die alten Beichtstühle rücksichtslos entfernt wurden, die alten Wandmalereien im Chor wurden beseitigt und durch weitgehend abstrakte Ornamentmalereien ersetzt.

Der Chor mit Turmstumpf als Sakristei

Das Patrozinium

Die ursprüngliche Kirche war eine Marienkirche. Welches Marienpatronat genau diese Kirche hatte, ist unbekannt. Möglicherweise war es Mariä Verkündigung. Das Siegel des Klosters Lonnig von 1229 könnte dafür sprechen. Nach der Restaurierung Anfang des 19. Jahrhunderts wurde das Marienpatrozinium dadurch ersetzt, dass die Kirche heute dem Apostel Jakobus dem Älteren geweiht wurde. Als Sohn des Zebedäus und der Salome war dieser Heilige ein Bruder des Evangelisten Johannes, des „Lieblingsjüngers" Jesu. Nach der Himmelfahrt Christi war Jakobus als Missionar in Jerusalem und Samaria tätig. Dass er auch in Spanien missioniert habe, ist nur eine spanische Überlieferung. Ostern 44 ließ Herodes Agrippa I. ihn enthaupten. Sein Leichnam soll von seinen Jüngern nach Spanien gebracht worden und in Compostela beigesetzt worden sein. Dieses Grab entwickelte sich seit dem 11. Jahrhundert zu einer der berühmtesten und meistbesuchten Wallfahrtsstätten des Abendlandes. Auf dem Jakobsweg zu diesem Grab nach Santiago de Compostela zu pilgern, ist außerordentlich modern geworden.

Zahlreiche Jakobswege gibt es heute von allen Seiten zu diesem Wallfahrtsort. Einer führt auch an der Kirche von Lonnig vorbei, wie eine Infotafel an einem Gedenkstein vor der Kirche verkündet. Möglicherweise waren es also schon sehr frühe Jakobspilger, die im Mittelalter die Mönche von Lonnig arm gegessen haben.

Das Kircheninnere

Es mag durchaus sein, dass das moderne, karge Innere des Chors der alten Rundkirche den Blick der Besucher ohne Ablenkung auf die wertvollen Kunstwerke lenkt, die es im Inneren dieser Kirche zu sehen gibt. Das Wertvollste ist zweifellos der sogenannte *Samsonengel* an der Nordwand nahe dem Hochaltar. Diese Engelsgestalt stammt aus dem Anfang des 13. Jahrhunderts und wird dem sogenannten *Samsonmeister* zugeschrieben. Sein wirklicher Name ist nicht bekannt, der Name *Samsonmeister* bezieht sich auf eine von ihm geschaffene Darstellung der Bändigung eines Löwen durch Samson in einer Kapitellgruppe in der Vorhalle der Abteikirche Maria Laach. Wegen seines besonderen kunsthistorischen

Wertes war der Engel in den 1960er-Jahren für längere Zeit als Ausstellungsstück im Wallraf-Richartz-Museum in Köln zu bewundern.

Von 1470 stammt das Relief einer Madonna mit dem Jesuskind auf den Knien. Eine moderne Madonna aus Tuffstein, in der Kunstwerkstätte Maria Laach geschaffen, befindet sich dem Verkündigungsengel gegenüber an der Südwand. Auch der Ambo und das Weihwasserbecken entstammen der Laacher Kunstwerkstätte.

An der dem Altar zugewandten Brüstung der Empore sind gleichsam als Erinnerung (oder späte Wiedergutmachung?) die holzgeschnitzten Figuren der vier sogenannten *lateinischen Kirchenlehrer* angebracht, von links Hieronymus (347-419), Augustinus (354-430), Ambrosius (340-397) und Gregor d. Gr. (540-604). Sie befanden sich bis 1962 an der alten Kanzel.

Sehr alt ist das aus Basalt gefertigte Taufsteinbecken, dessen genaues Alter und Herkunft allerdings ungeklärt sind. Da die Taufkapelle links vom Altar sehr klein ist, stellte man das Taufsteinbecken 1991 in den vorderen Kirchenraum. Über dem Eingang zur Sakristei ist eine Figur des Kirchenpatrons Jakobus d. Ä. angebracht, ihm gegenüber eine moderne, 1984 von einem Künstler im Allgäu geschaffene Figur des heiligen Sebastian, der zweiter Patron der Kirche ist. Auch die beiden modernen Fenster im Chor zeigen links St. Jakobus und rechts St. Sebastian. Ein weiteres modernes Fenster, ein großes Rundfenster in der Westwand über der Empore, ist der symbolischen Darstellung der Dreifaltigkeit gewidmet, die von vier Engeln gerahmt ist.

Alter Chor

Mertloch, Pfarrkirche St. Gangolf

Lage

Mertloch, PLZ 56773, liegt auf dem Maifeld zwischen Polch und Münstermaifeld in unmittelbarer Nähe der Autobahn A 48 Koblenz-Trier. Es gehört zur Verbandsgemeinde Maifeld und damit zum Kreis Mayen-Koblenz.

Entfernungen

- Von Aachen 146 km über die A 1 Richtung Köln bis Kreuz Kerpen, A 61 Richtung Koblenz bis Ausfahrt Plaidt, weiter Richtung Kobern zur A 48, A 48 Richtung Trier bis Ausfahrt Polch, über Polch nach Mertloch.
- Von Köln 102 km über die A 1 Richtung Trier bis Kreuz Bliesheim, A 61 Richtung Koblenz bis Ausfahrt Plaidt, weiter wie vor unter Aachen.
- Von Bonn 75 km über die A 565 bis Kreuz Meckenheim, A 61 Richtung Koblenz bis Ausfahrt Plaidt, weiter wie vor unter Aachen.
- Von Koblenz 35 km über die A 48 Richtung Trier bis Ausfahrt Polch, über Polch nach Mertloch.
- Von Trier 106 km über die A 602 Richtung Koblenz bis Dreieck Mosel, A 48 Richtung Koblenz bis Ausfahrt Polch, weiter über Polch nach Mertloch.

Zugangsmöglichkeit

Die Kirche ist ganztägig geöffnet und frei zugänglich.

Einkehrmöglichkeit

Landgasthaus Lehrer Lämpel, Kirchstraße 2, 56773 Mertloch,
Tel. 0 26 54 / 96 47 96, www.lehrer.laempel.com

Infos

Touristbüro der Verbandsgemeinde Maifeld, 56751 Polch,
Tel. 02654/9402120, Website: www.maifeld.de

Geschichte

Das Maifeld, in dessen Mittelpunkt Mertloch liegt, war wegen seiner außerordentlich fruchtbaren Böden bereits von den Römern ganz besonders fürsorglich behandelt worden. Während die ganze Eifel auf die beiden römischen Provinzen Niedergermanien mit der Hauptstadt Köln und Belgica mit der Hauptstadt Trier aufgeteilt war, hatten die Besatzer aus dem Süden das Maifeld der Provinz Obergermanien mit der Hauptstadt Mainz zugeschlagen.

Seit der römisch-fränkischen Zeit, in der die Siedlung Mertloch-Martiliacum entstanden ist, war diese Kornkammer ein Land der wohlhabenden Bauern. Die überaus stattliche Kirche von Mertloch ist ein beredtes Zeugnis dafür.

Die erste Kirche in Mertloch dürfte im 12. Jahrhundert entstanden sein und zwar als eine dreischiffige romanische Pfeilerbasilika mit einer flachen Decke. Sie wurde aber schon ein halbes Jahrhundert später durch ein Kreuzgratgewölbe ersetzt.

Als wichtigen Anbau der späteren Zeit muss man die spätromanische Vorhalle vor dem alten Hauptportal in der Südwand ansehen. Es erinnert an das früher bei einigen Eifelkirchen anzutreffende *Paradies*, wie es heute noch im benachbarten Münstermaifeld an der Stiftskirche, vor allem aber in Maria Laach, zu sehen ist.

Hier wie in Münstermaifeld sollen Gerichtsverhandlungen stattgefunden haben. Später wurden hier die Verstorbenen während der Totenmesse vor der Beerdigung aufgebahrt.

Das Patrozinium

Die *Vita*, also die Lebensgeschichte des Kirchenpatrons, des heiligen Gangolf, dessen Gedenktag der 11. Mai ist, liest sich streckenweise wie ein reißerischer Groschenroman.

Gangolf ist grundsätzlich eine historische Gestalt. Er war ein bedeutender Heerführer aus dem Umfeld des Königs Pippin und besaß große Ländereien in Burgund. Diese Ländereien hatte er einer Quelle wegen gekauft, aus der er bei einem Jagdausflug getrunken haben soll. Der Preis sei viel zu hoch gewesen, berichtet die Legende, doch Gangolf habe auf diese Weise dem armen Verkäufer helfen wollen. Kurz nach dem Kauf versiegte die Quelle jedoch, weshalb er von seinen Freunden und insbesondere von seiner Frau heftig verspottet wurde. Daraufhin soll Gangolf während eines Festessens seinen Stock genommen und in den Boden gerammt haben. Alsbald habe ein heftiger Regen eingesetzt, und die Quelle floss wieder.

Als ihm berichtet wurde, dass seine Frau ein ehebrecherisches Verhältnis mit einem Priester hatte, stellte er sie zur Rede. Sie beteuerte ihre Unschuld. Daraufhin forderte er sie auf, einen Arm in die Quelle zu tauchen. Die Frau soll den Arm völlig verbrannt aus der Quelle gezogen haben.

Gangolf habe seiner Frau verziehen, den Priester aber außer Landes verwiesen. Heimlich habe die Frau jedoch Kontakt zu ihm gehalten und ihn aufgefordert, zurückzukommen und Gangolf zu ermorden. So sei es auch geschehen, im Jahre 760.

Als die Witwe bei Gangolfs feierlicher Beerdigung über Wunder spottete, die sich bei diesem Anlass ereigneten, sei sie ebenso wie der Priester in ein tödliches Siechtum gefallen.

Das Kircheninnere

Die Pfarrkirche St. Gangolf

Ein hohes, eindrucksvolles Kirchenschiff empfängt den Besucher, der die Kirche betritt. Links und rechts an den Wänden der Seitenschiffe im Eingangsbereich stößt man zunächst auf zwei heilige Gräber. Dann wird der Blick unwillkürlich vom Hochaltar angezogen, der leider etwas im Dunklen steht. Überhaupt fehlt es dieser prachtvollen Kirche etwas an Tageslicht, sodass eine Taschenlampe recht nützlich ist.

Linkes Seitenschiff

Das gilt ganz besonders angesichts der an den Pfeilern links und rechts auf Konsolen stehenden, vergoldeten Heiligenfiguren. Sie stammen alle aus nachromanischer Zeit, wobei eine eindrucksvolle Darstellung der Anna Selbdritt die älteste ist. Sie stammt wohl aus dem 15. Jahrhundert. Demgegenüber sind die übrigen Figuren rund 200 Jahre jünger, in der zweiten Hälfte des 18. Jahrhunderts, entstanden. Eindrucksvoll die Pietà, die heilige Agatha, die ihre bei der Folter abgerissenen Brüste auf einem Teller präsentiert und Nikolaus mit den drei Kindern in einer Holzbütte.

St. Anna Selbdritt

Diese oft gesehene Darstellung bezieht sich auf die Legende, wonach Nikolaus, damals Bischof von Myra in Kleinasien, einen reißenden Strom zwang, bergan zu fließen, um eine Holzbütte mit drei Kindern ans Ufer zu bringen. Die Kinder waren von ihren Eltern in der Bütte ausgesetzt worden, weil sie ihre Kinder nicht mehr ernähren konnten.

Christus als Kanzelprediger

Eine besondere Kostbarkeit erreicht man dann am Ende des Hauptschiffs mit der links vom Hochalter stehenden spätgotischen Kanzel, die um 1465 in einer Koblenzer Steinmetzwerkstatt entstanden ist. Zwei der insgesamt fünf Felder, die den Kanzelkorb fassen, zeigen bildliche Darstellungen. Die Interessanteste dabei ist die, die Christus selbst als Prediger in der Kanzel stehend zeigt, wobei er in der Linken eine Weltkugel hält, mit der Rechten segnet. Es ist zumindest in der ganzen Eifel die einzige Darstellung, die Christus in dieser Pose und an einer solchen Stelle zeigt.

Der 1787 geschaffene Hochaltar selbst birgt als Kostbarkeit eine edle Marienfigur mit dem Jesuskind auf dem Arm. Ihr liebreizendes Lächeln reiht sie in die Gruppe der „schönen Madonnen" ein und weist sie als ein Produkt einer Kölner Werkstatt aus, in der sie Ende des 15. Jahrhunderts entstanden sein dürfte. Mutter und Kind tragen echte Kleider. Genaues weiß man

Engel mit Leidenswerkzeug in der Taufkapelle

nicht über die Herkunft dieser Madonna, denn sie wurde Ende der 30er-Jahre des 20. Jahrhunderts im Gerümpel gefunden, das sich auf dem Speicher des Pfarrhauses angesammelt hatte.

Sehenswert ist auch die Taufkapelle links vom Hochaltar im Chor des nördlichen Seitenschiffs. Ein kunstvolles Netzgewölbe spannt sich mit seinen Rippen über dem kleinen Raum. Der große Schlussstein zeigt Christus als Schmerzensmann. An den vier Konsolen, bei denen die Gewölberippen auslaufen, halten vier Engel mit weit aufgeschlagenen Flügeln die Leidenswerkzeuge, mit denen Christus gefoltert wurde. Die Kapelle war ursprünglich der Verehrung der Leiden Christi geweiht.

Der Schlussstein in der Taufkapelle

Aufmucken bekommt auch einem Pfarrer nicht

Man sagt so leichthin, Grabsteine könnten Geschichte und Geschichten erzählen. Das ist richtig, man muss sich nur mit den Namen befassen, die auf Grabsteinen stehen, dann kann man allerdings mitunter sogar unglaubliche Geschichten erfahren. So auch in Mertloch.

Unter den Namen der Pfarrer, die seit dem 19. Jahrhundert in Mertloch tätig waren, findet man auf einem Grabstein bei der Kirche St. Gangolf in Mertloch auch den Namen des Frühmessers Philipp Zender, der von 1860 bis 1878 in Mertloch tätig gewesen ist. Als *Frühmesser* wurden seit dem Mittelalter solche Priester bezeichnet, die sogenannte *Frühmessen* zu zelebrieren hatten. Das waren Messen, die zu ganz früher Morgenstunde gehalten wurden, um der Bevölkerung die Möglichkeit zu geben, vor Arbeitsbeginn einer heiligen Messe beizuwohnen. Solche Frühmessen hatten immer eine Stiftung als finanziellen Hintergrund, die auch für den Unterhalt des Frühmessers aufkommen musste.

Philipp Zender war ursprünglich jahrzehntelang Pfarrer in Meckel gewesen (s. Meckel in diesem Buch). Zusammen mit einigen anderen Pfarrern der Region verfasste er ein Papier mit vier Forderungen, von denen drei auch heute noch aktuell sind. Die Pfarrer forderten Deutsch als Kirchensprache, das Recht der Gemeinden, ihren Pfarrer zu wählen und das Recht der Pfarrer, den Bischof zu wählen sowie das auch heute noch brandaktuelle Thema der Abschaffung des Zölibats.

Der Bischof in Trier war entsetzt und empört und strafversetzte Zender nach Kehrig. Sein Nachfolger verschaffte ihm eine Pfarrstelle in Mayschoß an der Ahr. Doch nach dem Tode dieses Bischofs durfte Zender nur noch als Frühmesser fungieren. Diesen Dienst verrichtete er, bis er 1887 starb.

Monreal, Pfarrkirche Kreuzerhöhung

Lage

Monreal, PLZ 56729, ist eine Ortsgemeinde in der Verbandsgemeinde Vordereifel und gehört zum Kreis Mayen-Koblenz. Der Ort liegt am Rande des Maifeldes an der Elz.

Entfernungen

- Von Aachen 141 km über die B 258 Richtung Koblenz über Monschau, Blankenheim, Nürburgring bis Hirten, rechts ab nach Monreal.
- Von Köln 96 km über die A 1 Richtung Trier bis Dreieck Erfttal, A 61 Richtung Koblenz bis Mendig, B 262 bis Mayen, B 258 Richtung Aachen bis Hirten, links ab nach Monreal.
- Von Bonn 69 km über die A 565 bis Kreuz Meckenheim, B 61 Richtung Koblenz bis Mendig, weiter wie vor unter Köln.
- Von Koblenz 44 km über die B 258 Richtung Aachen über Mayen bis Hirten, links ab nach Monreal.
- Von Trier 95 km über die A 505 Richtung Koblenz bis Dreieck Mosel, A 48 Richtung Koblenz bis Kaisersesch, links ab Richtung Mayen bis Monreal.

Zugangsmöglichkeit

Die Kirche ist ganztägig geöffnet und frei zugänglich.

Einkehrmöglichkeit

Café Arenz am Malerwinkel, unmittelbar an der Elz mit Möglichkeit, draußen zu sitzen, Marktplatz 4, 56729 Monreal, Tel. 02651/4013005.

Infos

Verbandsgemeindeverwaltung Vordereifel – Tourismusabteilung,
Tel. 0 26 51 / 80 09 59, E-Mail: tourismus@monreal-eifel.de

Geschichte

Die *Fachwerkidylle*, wie der kleine Ort Monreal, dessen alte Fachwerkhäuser sich beiderseits der Elz eng aneinanderdrängen, oft genannt wird, ist überragt von den Ruinen der Löwenburg und der Philippsburg. Die Geschichte dieser Burgen, vor allem der größeren von ihnen, der Löwenburg, die seit 1220 als Residenzburg der Grafen von Virneburg entstand, ist zunächst auch die Geschichte der Pfarrkirche von Monreal. Mit Sicherheit steht die heutige rein gotische Kirche, die zwischen 1450 und 1460 unmittelbar über dem Ufer der Elz gebaut wurde, an der Stelle einer Vorgängerkirche. Wann diese Kirche gebaut worden sein könnte, weiß man nicht. Da jedoch die große Löwenburg keine eigene Burgkapelle hatte, muss man davon ausgehen, dass die Grafen von Virneburg unterhalb ihrer hoch oben auf dem Berg entstandenen Burg eine Kirche haben bauen lassen. Sie könnte also durchaus auch im 13. Jahrhundert entstanden sein. Die heutige Kirche ist zunächst ein schlichter Bruchsteinbau, der aus dem gleichen Gestein errichtet wurde wie die Burgen. Er ist eine einfache Saalkirche, des gleichen uralten Stils, wie er sich bei vielen alten Eifeler Dorfkirchen findet. Einige Meter oberhalb des Niveaus des schmalen

Fachwerkidylle mit der Löwenburg

Sträßchens, das an der Kirche vorbeiführt, kann man in der Nordwand der Kirche die Überreste eines vermauerten Zugangs erkennen. Mit großer Wahrscheinlichkeit gab es vor Jahrhunderten aus dem Hang auf der gegenüberliegenden Straßenseite einen brückenähnlichen Zugang, über den die Burgherrschaft ungesehen in die Kirche zu ihren Ehrenplätzen auf einer Empore kommen konnte. Diese gegenüberliegende Hangseite ist heute längst mit Häusern zugebaut.

Das Patrozinium

Die Kirche hat das Patrozinium der Kreuzerhöhung, deren Fest am 14. September gefeiert wird. Die Legende berichtet, dass das zwischen 326 und 328 durch die Kaiserinmutter Helena aufgefundene wahre Kreuz Christi 614 durch den Sassanidenherrscher Choesroes II. geraubt worden sei. 627 habe Kaiser Heraklius (610-641) Choesroes besiegt und das Kreuz wieder nach Jerusalem gebracht. Als er es, in seine kaiserlichen Prachtgewänder gekleidet, durch das Stadttor habe tragen wollen, durch das einst Christus nach Jerusalem eingezogen war, habe sich das Stadttor geschlossen. Erst als der Kaiser Rüstung, Waffen und kaiserliche Kleidung abgelegt und das Kreuz auf seine Schultern genommen habe, soll sich das Stadttor wieder geöffnet haben. Heraklius ließ die von den Persern zerstörte Auferstehungskirche wieder aufbauen und das Kreuz dort wieder aufstellen.

Kreuzauffindung durch die hl. Helena

1187 ist dieses als wahres Kreuz Christi verehrte Kreuz in die Hände der Muslime gefallen und seither verschollen. Zahlreiche Kreuzpartikel, die der Überlieferung nach von Helena aufbewahrt worden sein sollen, befinden sich heute an verschiedenen Stellen und werden als Reliquien verehrt.

Das Fest Kreuzerhöhung, das in allen christlichen Kirchen am 14. September begangen wird, ist der Tag, an dem im Jahre 335 im Auftrage des Kaisers Konstantin (Kaiser von 306-337) in Jerusalem die Auferstehungskirche, die heutige Grabeskirche, geweiht wurde, wobei das kurz zuvor aufgefundene Kreuz Christi dort aufgestellt wurde.

Kreuzerhöhung ist ein Fest, das früher viel stärker im Bewusstsein der vor allem ländlichen Bevölkerung verankert war. Davon zeugen einige, einst wichtige bäuerliche Wetterregeln. So zum Beispiel: „Ist's hell am Kreuzerhöhungstag, ein strenger Winter folgen mag."

Das Kircheninnere

Man betritt die Kirche durch den Haupteingang im westlich an die Kirche angebauten Turm. Der steht allerdings nicht genau in der Mitte vor der Westfront, sondern seitlich nach Süden versetzt. Man nimmt an, dass er noch von der Vorgängerkirche stammt.

Beim Eintritt geht der Blick ungehindert durch das helle, durch schöne Fenster auf der Südseite erhellte Schiff in den Chor. Der ist nicht mehr als Rundapsis ausgebildet, sondern präsentiert sich ganz im Stil der Spätgotik im Fünfachtelformat. Dabei fällt

Chor der Pfarrkirche Kreuzerhöhung

der Blick auf den neugotischen Hochaltar von 1876. Der kunsthistorisch wichtigere Blickfang ist jedoch der Zelebrationsaltar, der in einigem Abstand vor dem Hochaltar steht.

An den vier Seiten trägt dieser Altar die Statuen der 12 Apostel, die 1482 geschaffen wurden.

Das Antependium vor dem Hochaltar aus dem 15. Jahrhundert

Links vom Hochaltar fällt ein gotisches Sakramentshäuschen von 1460 auf, ein hoch aufragendes, filigranes, gotisches Kunstwerk. Unter dem kunstvoll durchbrochenen Baldachin sieht man gleichsam auf der zweiten Etage dieses Sakramenthäuschens die Heiligengestalten von Johannes dem Evangelisten und Johannes dem Täufer. Sie erinnern an den Vornamen der Stifterin dieses Kunstwerks, der Gräfin Johanna von Horn, der Ehefrau des Grafen Philipps II.

Gotisches Sakramentshäuschen

An den Seitenwänden der Kirche befinden sich vier aus der Barockzeit, etwa um 1750, stammende Statuen. Es sind der heilige Laurentius, kenntlich daran, dass er einen Rost in der Hand hält, auf dem er über einem Feuer gemartert wurde. Die heilige Maria Magdalena ist zu sehen mit Kreuz und Totenkopf, der heilige Papst Silvester, den ein Rind als Schutzpatron der Haustiere und der Landwirte ausweist.

Der vierte ist der heilige Severus mit einem Weberschiffchen in der Hand. Es kennzeichnet ihn als Patron der Weber. Ursprünglich soll Severus, der im vierten Jahrhundert gelebt hat, selbst einmal Weber gewesen sein, ehe er zum Bischof von Ravenna gewählt wurde. Dass seine Statue hier in der Kirche von Monreal zu sehen ist, ist natürlich kein Zufall. Lange Zeit war Monreal eine Stadt der Tuchmacher.

Der hl. Severus

Eine besondere Kostbarkeit ist die an die Südseite der Kirche kurz vor dem Chor angebaute Heiligkreuzkapelle. Ursprünglich diente sie als Sakristei, heute ist sie Taufkapelle.

Neben dem spitzbogigen Zugang zur Kapelle fallen zwei große Fenster auf, deren Thema mit dem Patrozinium der Kirche zusammenhängt. Das eine Fenster zeigt die Auffindung des Kreuzes durch Helena, das andere Kaiser Heraklius, der das Kreuz auf seinen Schultern nach Jerusalem hineinträgt (s. oben Patrozinium).

Durchblick zur Taufkapelle

Polch, Kapelle St. Georg

Lage

Polch, PLZ 56751, liegt auf dem Maifeld zwischen Mayen und Münstermaifeld an der Autobahn A 48 Koblenz-Trier im Kreis Mayen-Koblenz.

Entfernungen

- Von Aachen 141 km über die A 1 Richtung Köln bis Kreuz Kerpen, A 61 Richtung Koblenz bis Ausfahrt Plaidt, weiter Richtung Kobern zur A 48, A 48 Richtung Trier bis Ausfahrt Polch.
- Von Köln 97 km über die A 1 Richtung Trier bis Kreuz Bliesheim, A 61 Richtung Koblenz bis Ausfahrt Plaidt, weiter wie vor unter Aachen.
- Von Bonn 70 km über die A 565 bis Kreuz Meckenheim, A 61 Richtung Koblenz bis Ausfahrt Plaidt, weiter wie vor unter Aachen.
- Von Koblenz 30 km über die A 48 Richtung Trier bis Ausfahrt Polch.
- Von Trier 101 km über die A 602 Richtung Koblenz bis Dreieck Mosel, A 48 Richtung Koblenz bis Ausfahrt Polch.

Zugangsmöglichkeit

Die Kapelle ist ganztägig geöffnet und frei zugänglich.

Einkehrmöglichkeit

Restaurant Athen, Obertorstraße 4-6, 56294 Münstermaifeld, Tel. 0 26 05 / 17 15.

Infos

Touristbüro der Verbandsgemeinde Maifeld, 56751 Polch, Tel. 0 26 54 / 9 40 21 20; Website: www.maifeld.de

Geschichte der Kirche

Die kleine, dem heiligen Georg geweihte Kapelle auf dem Friedhof von Polch, dem Verwaltungsmittelpunkt des Maifeldes, ist einer der am reinsten erhaltenen romanischen Kirchenbauten der Eifel.

Eine angesichts der aus dem Ende des 11. Jahrhunderts stammenden romanischen Kirche abseits des Ortes immer wieder gestellte Frage ist die nach der Geschichte dieser kleinen Kirche. Dies gilt insbesondere, wenn man sieht, dass im Giebel des Kirchleins der Kopf einer angeblichen römischen Göttin eingemauert ist und der Türsturz über dem Eingang Teil eines römischen Grabsteins ist. Und warum liegt das älteste Gotteshaus von Polch so weit von der Ortsmitte entfernt?

Zunächst einmal muss klargestellt werden, dass die St. Georgskapelle eigentlich nichts mit dem Dorf zu tun hat, auch wenn sie heute auf dem Friedhof steht. Sie ist weder als Friedhofskapelle gebaut noch zumindest in jüngerer Zeit regelmäßig als solche genutzt worden.

Die St. Georgskapelle

Die Georgskapelle wurde gegen Ende des 11. Jahrhunderts, also vor mehr als 900 Jahren, als Georgskirche gebaut, als es in Polch bereits eine dem heiligen Stephan geweihte Kirche gab, und zwar als eine sogenannte *Märkerkirche*. Das heißt, weit draußen vor dem Ort Polch ließen sich die adligen Märker, die Bewohner der Polcher Mark, eines Teils des Maifeldes, eine eigene Kirche bauen. Warum sie nicht mit den Polchern zusammen die damalige Pfarrkirche nutzten, ist unbekannt.

In der Bevölkerung von Polch hat sich lange Zeit die Überlieferung erhalten, dass die Kirche an der Stelle gebaut worden sei, an der sich ein Heiligtum des römischen Kriegsgottes Mars befunden habe. Dafür gibt es jedoch keinerlei Indizien. Allerdings wäre die Assoziation Kriegsgott einerseits und dem als vornehmer Krieger, der er war, stets in seiner Rüstung und mit Waffe, nämlich einer Lanze, oft auch mit Schwert, dargestellten heiligen Georg andererseits verständlich.

Als 1849 die damalige Pfarrkirche St. Stephan in Polch wegen „Altersschwäche" abgerissen und ein pompöser Neubau errichtet wurde, fanden bis 1852 alle gottesdienstlichen Handlungen der Pfarre Polch in St. Georg statt. Damals hatte als Folge der Neuaufteilung der Pfarrbezirke durch Napoleon 1802 St. Georg auch kirchenrechtlich seine Sonderstellung als Eigenkirche der Märker längst verloren.

Bis 1807 stand St. Georg recht weit abseits des Ortes im freien Feld, so sah es wenigstens aus. Das war einmal anders. Den Besuchern des heutigen Friedhofs, die durch eine prachtvolle Kastanienallee auf die Georgskapelle zugehen, fallen zahlreiche Grabkreuze aus dem 15. und 16. Jahrhundert auf, die beiderseits des Weges, aber auch an der Friedhofsmauer stehen. Meist tragen sie keine Namen, sondern Symbole. Die immer wiederkehrenden Schäferschippen, die hier abgebildet sind, oder Wecken, die man auf den Kreuzen sehen kann, deuten auf die beiden früher häufigsten Namen hier in Polch hin, Schäfer und Bäcker oder auch

Becker. Damals war hier bereits einmal der Friedhof von Polch. 1659 war es mit der Funktion des Friedhofs als Begräbnisstätte vorbei. Eine Pestepidemie hatte zahlreiche Todesopfer gefordert, die hier begraben wurden. Doch aus Angst vor der pestversuchten Luft über den Gräbern gab man den Friedhof sozusagen von heute auf morgen auf. Ab sofort wurden die Toten von Polch nunmehr bei der Pfarrkirche St. Stephan im Ortszentrum begraben, bis die damalige französische Verwaltung 1807 aus hygienischen Gründen das Begraben der Toten innerhalb der Ortschaften untersagte. Nun wurde der alte Friedhof um die Georgskapelle wieder aktiviert, und es wurde die schöne Kastanienallee angelegt.

Heute finden nur noch zwei Messen im Jahr in St. Georg statt, am Georgstag, dem 23. April, und eine am Volkstrauertag, doch dient sie Friedhofsbesuchern als Stätte des stillen Gebets und des Anzündens von Kerzen in Erinnerung an verstorbene Angehörige.

Der Bau

Die Georgskapelle in Polch ist einer der ältesten bis heute erhaltenen Kirchenbauten der Eifel und wahrscheinlich diejenige, die sich das ursprüngliche, fast kubusförmige Bild einer romanischen Kirche am reinsten erhalten hat. Das könnte damit zusammenhängen, dass diese Kirche oder heutige Kapelle niemals Pfarrkirche war und damit dem Schicksal so vieler Kirchen entgangen ist, dass ihr Aussehen durch die jeweiligen Pfarrer oder Gemeinden dem ständig wechselnden Zeitgeschmack angepasst wurde. So blieb St. Georg eine geradezu vollkommene, frühromanische, dreischiffige Flachdeckenbasilika.

Nur sehr spärlich fallen in der Außenarchitektur Veränderungen auf, die bei einer tief greifenden Renovierung 1739 dem Barockgeist der Zeit zu verdanken sind. Das sind eigentlich nur die kleinen ovalen Fenster im Obergaden und die Türe des heute nicht mehr genutzten Hauptportals.

Hoch oben in der Spitze des Giebels fällt ein eingemauerter Kopf auf, der allerdings recht verwittert ist. Der Überlieferung nach soll es sich um den Kopf einer römischen Göttin handeln, möglicherweise der Ceres, der Göttin der Ackerfruchtbarkeit. Das wäre verständlich, war doch das Maifeld bereits den Römern wegen seiner besonderen Fruchtbarkeit aufgefallen. Sie ordneten diese kleine Südostspitze der Eifel aus diesem Grunde ihrer Provinz Obergermanien mit der Hauptstadt Mainz zu, während die gesamte übrige Eifel aufgeteilt war auf die beiden Provinzen Belgica mit der Hauptstadt Trier und Niedergermanien mit Köln.

Die Volksüberlieferung sieht in dem Kopf allerdings eine ganz andere Person, nämlich die Jungfrau, die der seit dem 11. Jahrhundert mit dem heiligen Georg verbundenen Geschichte zufolge von Georg aus der Gewalt des Drachen befreit wurde. Die aus vornehmem Geschlecht stammende Jungfrau habe, so die Polcher, aus Dankbarkeit die Kapelle gestiftet.

Eingang mit römischem Grabstein als Türsturz

Ein anderes römisches Fragment fällt als Türsturz über dem niedrigen heutigen Alleinzugang zur Kirche in der Südwand auf, ein Teil eines römischen Grabsteins, dessen Inschrift noch gut zu entziffern ist: C(AIO) ATTIO CARO ET IUL(IAE) SUAUSIAE UXORI ATTIO PATERNO ATTIAE AVIANAE FILI.

Das heißt auf Deutsch übersetzt: „Für Attius Carus und Julia Suasia, seine Ehefrau, für Paternus und Attia Aviana, ihre Kinder."

Weil hier sowohl beide Eheleute und ihre Kinder genannt sind, hält man diesen Stein für einen Teil eines Familiengrabes.

Patrozinium

Die Kapelle ist dem heiligen Georg geweiht. Obschon sie niemals Pfarrkirche von Polch war, feiert man in Polch die Kirmes am St. Georgstag, dem 23. April. Wahrscheinlich aus praktischen Gründen, da die Pfarrkirche ein Stephanuspatrozinium hat, und der Stephanustag der zweite Weihnachtstag, der 26. Dezember, ist. Das ist nicht gerade das beste Datum, um Kirmes zu feiern.

Der heilige Georg war ein Krieger, wahrscheinlich Offizier, aus Kappadozien in Kleinasien, der wahrscheinlich zur Zeit des römischen Kaisers Diokletian (284-305 n. Chr.) den Märtyrertod durch Enthauptung erlitt. Näheres zu seinem Leben ist nicht bekannt. Georg wird immer als der Drachentöter dargestellt im Kampf mit einem Drachen, den er mit der Lanze durchbohrt. Diese Episode aus seinem Leben ist erst seit dem 11. Jahrhundert populär geworden. Zu dem für den Drachen tödlichen Kampf war es gekommen, weil dem Drachen eine Jungfrau vorgeworfen worden war, die Georg auf diese Weise rettete.

Der Georgsaltar

Das Kircheninnere

Man betritt die Kirche durch den niedrigen Eingang in der Südwand. Vorsicht, der Durchgang ist niedrig, und große Besucher ziehen sich leicht Kopfverletzungen zu, wenn sie sich an dem als Türsturz dienenden römischen Grabstein stoßen. Das Innere der Kapelle präsentiert sich als dreischiffige

Basilika. Die Seitenschiffe sind vom Hauptschiff durch niedrige Rundbogenarkaden getrennt.

Die Rundbogenarkaden

1639 muss die Kapelle in einem erbärmlichen Zustand gewesen sein. Der Kammerherr des Trierer Erzbischofs, Franz Georg von Schönborn, Balthasar Eichhorn, leitete eine grundlegende Renovierung ein, dem damaligen Zeitgeschmack entsprechend in stark barockisierender Form.

Bei der letzten Renovierung der Kapelle 1973/74 wurde die barocke Umgestaltung von 1639 weitgehend aufgehoben, auch wurden wesentliche Ausstattungsstücke aus Sicherheitsgründen entfernt und befinden sich heute in der St. Stephanspfarrkirche in Polch. Von der barocken Ausstattung blieben nur die kleinen Rundfenster im Obergaden und Reste der barocken Farbgebung.

Allerdings sind die wichtigsten Ausstattungsstücke der Kirche aus der Barockzeit entweder im Original oder in Kopie in St. Georg erhalten. Das ist zum einen der St. Georgsaltar in dem durch ein Eisengitter abgesperrten Chor, der die bekannte Szene mit dem Drachenkampf zeigt. Allerdings wurden eine Madonnenstatue und eine Figur der hl. Anna von diesem Altar entwendet, den 1639 Balthasar Eichhorn gestiftet hat. In einer Kartusche über dem Altar prangt das Wappen des Stifters, ein an einer Nuss nagendes Eichhörnchen. Der Altar steht auf einer romanischen Mensa.

Pietà

Aus dem Barock, das heißt aus der Zeit der Renovierung von 1639, stammen ein Reliquienschränkchen, das links vom Altar in die Wand eingemauert ist sowie der Opferstock, der sich im Chorgitter befindet.

Der Seitenaltar im nördlichen Seitenschiff, der Schmerzhaften Muttergottes geweiht, stammt aus dem Anfang des 19. Jahrhunderts. Die Madonnenfigur, holzgeschnitzt, ist allerdings eine Kopie. Der Taufstein, der (Sommer 2012) ziemlich achtlos zwischen Gießkannen und anderen Gerätschaften hinter der Tür in der Südwand steht, stammt laut Jahreszahl von 1769. Man scheint sich in Polch des Werts dieses Taufsteins nicht bewusst zu sein, sonst ließe man ihn nicht so achtlos in der Ecke zwischen dem Gerümpel stehen.

Die Sieben Fußfälle

Entlang der Innenseite der Friedhofsmauer sind in Höhe der Kirche sieben, im 18. Jahrhundert entstandene Kreuzwegstationen aufgestellt. Es handelt sich dabei um ein besonders schönes und kostbar gearbeitetes Beispiel eines Kreuzwegs in der Form der sogenannten *Sieben Fußfälle.*

Solche *Sieben Fußfälle* gelten heute als eine besondere kulturhistorische Kostbarkeit der Eifel, der man außerhalb von Polch anderswo kaum noch begegnet. Es war früher weit verbreitet, an dem zu einer Kirche führenden Weg, aber auch außerhalb eines Ortes, sieben Bildstöcke mit Szenen aus der Leidensgeschichte Jesu aufzustellen, bei denen der fromme Beter sich zum Gebet hinkniete.

Einer der Sieben Fußfälle

Bis Mitte des 16. Jahrhunderts kannte man nur diese Form der Kreuzwege, die seither mehr und mehr in Gestalt von 14 Stationen entwickelt wurden. Die Kreuzwege mit nur sieben Stationen kamen allmählich aus der Mode. Immer häufiger wurden sie beseitigt, und nur noch selten gab es neue *Sieben Fußfälle*, zu denen vor allem in der Fastenzeit gepilgert wurde, aber auch wenn in der Familie oder in der Nachbarschaft ein Mensch mit dem Tode rang. Im Bergland der Eifel, das im Vergleich zu anderen Regionen besonders reich ist an sehenswerten und oft mit kostbaren Kunstwerken ausgestatteten Kirchen. gibt es solche *Sieben Fußfälle* nur noch ganz selten.

Nordeifel

Baasem | Reifferscheid | Vlatten | Wollersheim

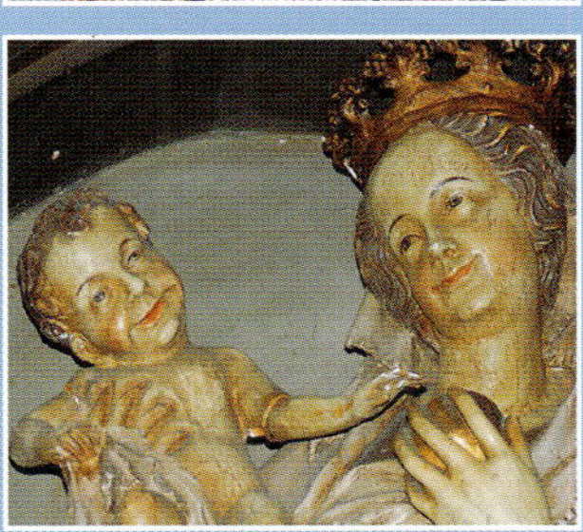

Baasem, Pfarrkirche St. Mariä Geburt

Lage

Baasem, PLZ 53949, gehört zur Gemeinde Dahlem im Kreis Euskirchen. Es liegt zwischen Dahlem und Stadtkyll in der Nähe der B 51.

Entfernungen

- Von Aachen 122 km über die B 258 Richtung Koblenz bis Blankenheim, B 51 Richtung Trier bis Baasem.
- Von Köln 84 km über die A 1 Richtung Trier bis Blankenheim, B 51 Richtung Trier bis Ausfahrt Baasem.
- Von Bonn 86 km über die B 56 Richtung Euskirchen zur A 1 Richtung Trier bis Blankenheim, B 51 Richtung Trier bis Baasem.
- Von Koblenz 106 km über die A 48 Richtung Trier bis Mayen, B 410 Richtung Prüm bis Dreis, B 421 Richtung Malmedy bis Baasem.
- Von Trier 86 km über die B 51 Richtung Köln bis Baasem.

Zugangsmöglichkeit

Die Kirche ist ganztägig geöffnet und frei zugänglich.

Einkehrmöglichkeit

Café Zehntscheune, Burgbering 25, 53940 Kronenburg,
Tel. 06557 / 9009840, www.cafe-zentscheune.de

Infos

Touristinformation Oberes Kylltal, Burgberg 22, 54589 Stadtkyll,
Tel. 06597 / 2878; Fax 4871, E-Mail: touristinfo.obereskylltal@t-online.de;
Website: www.eifeler-quellendreieck.de

Geschichte

Wo der Nordeifeler Zitterwald gegen die Blankenheimer Kalkmulde ausläuft, liegt inmitten eines alten Bauerndorfs, das im neunten Jahrhundert urkundlich erstmals als *Basenheim* erwähnt wird, wuchtig und breit hingelagert die Pfarrkirche von Baasem. Der Name Basenheim weist auf das Geschlecht derer von Bassenheim hin, die damals hier ansässig waren. Sie sind später in die Südosteifel gezogen, in das heutige Städtchen Bassenheim, wo sie sich zu einem der bedeutendsten Feudalgeschlechter der Eifel entwickelten.

Im frühen Mittelalter war die Reichsabtei Stavelot-Malmedy hier der Grundbesitzer. Ob auf sie der Bau einer ersten Kapelle oder Kirche zurückgeht, ist nicht bekannt. Verhältnismäßig spät, nämlich erst um 1300, wird für dieses Basenheim-Baasem eine erste Kapelle erwähnt, die als Filialkirche von Alendorf, heute ein Ortsteil von Blankenheim, genannt wird. Diese Kapelle war eine einschiffige romanische Saalkirche.

Die Pfarrkirche Mariä Geburt

Im Laufe des 14. Jahrhunderts änderte sich die Zugehörigkeit Baasems. Die Pfarre gehörte nun nicht mehr zum verhältnismäßig weit entfernten Alendorf, sondern zum nahen Kronenburg. Das war nicht unwichtig, denn damals mussten alle Kirchenbesuche zu Fuß gemacht werden.

Zur gleichen Zeit, da im benachbarten Kronenburg die schöne Einstützenkirche gebaut wurde (s. Kronenburg im Buch *Die schönsten Kirchen der Eifel* des Verfassers aus dem Verlag Meyer & Meyer), wurde die kleine

Baasemer Kirche grundlegend erweitert. Durch einen Anbau entstand hier nun eine zweischiffige spätgotische Hallenkirche. Aus der bisherigen romanischen Saalkirche wurde das nördliche Seitenschiff, der neue Anbau das Hauptschiff. Man hatte nun eine Kirche mit vier Stützen.

Damit war sie größer als die Mutterkirche in Kronenburg. In den 50er-Jahren des 17. Jahrhunderts kam es zu einem Streit zwischen Baasem und Kronenburg. Es ging dabei um Reparaturkosten für die Mutterkirche in Kronenburg. Baasem verweigerte die Zahlung unter Hinweis auf die eigenen hohen Belastungen durch den Unterhalt für einen eigenen Pfarrer und eine eigene große Kirche. Der Erzbischof in Köln entschied in diesem Streit zugunsten der Baasemer, woraufhin es zur Loslösung der Pfarre Baasem von Kronenburg kam. Allerdings mussten die Baasemer eine Ablösungssumme von 100,- Talern an Kronenburg zahlen.

Die Kirche macht nicht nur einen wehrhaften Eindruck, sie war wohl auch tatsächlich als Verteidigungsbauwerk gedacht. Im Spanischen Erbfolgekrieg (1701-1714), unter dem auch die Eifel zu leiden hatte, schafften die Bewohner von Baasem wertvolle Habe in die Kirche, und die Schlitze in der Südwand des Turmes, dessen untere Hälfte noch von der ersten romanischen Kirche stammt, haben angeblich der Verteidigung gedient. Dieser Turm steht genau vor dem nördlichen Schiff der Kirche, das dem romanischen Saalbau der ersten Kirchenanlage in Baasem entspricht.

Das Patrozinium

Die erste kleine Kirche in Baasem hieß nur „Liebfrauenkirche“. Das heutige Patrozinium St. Mariä Geburt, das am 8. September gefeiert wird, dürfte im Zusammenhang mit der Einweihung der vergrößerten Kirche Anfang des 16. Jahrhunderts eingeführt worden sein.

Das Fest Mariä Geburt ist vermutlich im Zusammenhang mit dem Bau der Kirche für die heilige Anna am See Bethesda entstanden. Nach der

Überlieferung war hier der Wohnort von Anna und Joachim und somit die Heimat von Maria. Die Feier dieses Festes kam zuerst im sechsten Jahrhundert in der Ostkirche auf, wurde dann um 700 durch Papst Sergius I. (Papst von 687-701) in Rom eingeführt und breitete sich im 10./11. Jahrhundert in der ganzen katholischen Kirche aus.

Mariä Geburt am 8. September gehörte früher zu den wichtigsten Lostagen im bäuerlichen Leben. Davon zeugen noch Sprüche wie „St. Mariä Geburt – jagt alle Schwalben fort", oder „Maria gebor'n – Bauer, säh dein Korn", oder: „Wie sich's Wetter an Mariä Geburt verhält, so ist's noch weitere vier Wochen bestellt".

Das Kircheninnere

Von manchen Autoren wird das Sternengewölbe im Hauptschiff der Baasemer Kirche als schönstes Sternengewölbe des Rheinlandes bezeichnet. Und in der Tat, betritt man die Kirche, die durch eine große Orgelempore im hinteren Teil nur schlecht durch Tageslicht erhellt wird, fängt sich der Blick alsbald an dem überaus kunstvoll gestalteten Gewölbe. Der Ausdruck *Sternengewölbe* wird sofort klar, wenn man etwas genauer hinaufschaut. Ausgehend von den Säulen, die wie Bäume dastehen und ihre Äste, sprich die Gewölberippen, hinauf zum Himmel, hier das Gewölbe, schicken, um es zu stützen, ziehen scheinbar, aber nur scheinbar, diese Rippen hin und her über dieses Gewölbe, laufen parallel, dann wieder kreuzen sie sich.

Blick ins Kirchenschiff

Alsbald erkennt man aber, dass dieses scheinbare Durcheinander einem wohlüberlegten System entspricht.

Teil des Sterngewölbes

Die Rippen dieses Gewölbes steuern einem Ziel zu, das sind die prächtig verzierten Schlusssteine, die Höhepunkte dieses prachtvollen Kunstwerks, als das sich dieses Baasemer Gewölbe entpuppt. Von diesen Schlusssteinen laufen die Rippen dann in langen Geraden zu den Konsolen an den Wänden aus.

Der prachtvollste Schlussstein ist der im Chor des Hauptschiffs. Auf ihm thront Maria als Himmelskönigin mit Krone und im blauen Mantel. Auf ihren Knien hält sie das nackte Kind gerade so, als wollte sie es den Gläubigen präsentieren. Es ist, als ob sie sagen wollte: „Seht her, dieses nackte kleine Kind ist der Herr der Welt."

Es muss ein ländlicher Meister gewesen sein, der die Gottesmutter und ihr Kind da oben hingemalt hat. Denn beide Gestalten haben typisch bäuerliche Pausbacken.

Auf den anderen Schlusssteinen im Schiff sind Blumen und Ranken zu sehen, ein Christuskopf, ein spätgotisches Kruzifix, Engel mit Wappen, das Johanniterkreuz. Es erinnert daran,

Schlussstein im Gewölbe

dass die Johanniter zur Zeit der Erbauung der Kirche und bis 1803 die Pfarrer von Baasem und übrigens auch von Kronenburg stellten.

Einige Heilige sind ebenfalls auf solche Schlusssteine aufgemalt. Es sind Quirinus, der Patron der Pferde, und Eligius, der auch in der Kronenburger Kirche einen Schlussstein ziert. Der heilige Eligius war der Patron der Schmiede und wurde gerade hier im Raum Baasem-Kronenburg früher viel verehrt. Das hatte einen einfachen Grund. Unten im Kylltal liegt die alte Hammerhütte, die zu Baasem gehört und bis 1859 ein bedeutendes Eisenwerk war.

Flucht nach Ägypten

Eigentlich war Eligius von erlerntem Beruf her Goldschmied. Als Münzmeister kam er an den fränkischen Königshof und wurde 641 zum Bischof von Noyon ernannt. Immer wird er, wie auch hier auf dem Baasemer Schlussstein, zwar in der Bischofstracht mit Mitra dargestellt, aber außerdem mit den typischen Schmiedesymbolen, nämlich einem Hammer, einer Zange und einem Hufeisen.

Eine besondere Kostbarkeit unter den Ausstattungsstücken in der Kirche ist der im Nordschiff stehende Marienaltar von 1625, aus rotem Sandstein gearbeitet. Er ist eine Stiftung von zwei Schwestern, den

Seitenaltar

„Greffinnen zu Manderscheid, Blankenheim und Gerolstein, Frewlein Zu Cronenburg und Bettingen“. So steht es auf einer Tafel unter der Marienfigur. Diese Figur ist eine Nachbildung des 1870 gestohlenen Originals. In zwei runden Medaillons links und rechts sind Szenen aus der Bibel zu erkennen, im Mittelpunkt des schmalen Altaraufbaus ist die Darstellung „Jesus im Tempel“ zu sehen.

Die Wunder des Eligius

Der heilige Eligius (um 588-660) hat sich durch seine Wohltätigkeit schon sehr früh den Ruf der Heiligkeit erworben. Davon erzählen auch verschiedene Wunderberichte, die in seiner *Vita*, seiner Lebensgeschichte, erzählt werden.

Als Goldschmied soll er außerordentlich begabt gewesen sein. Auf Geheiß des Frankenkönigs Dagobert I. (König von 623-639) soll er daher den Auftrag bekommen haben, einen goldenen Sessel für den König zu schmieden. Eligius habe es verstanden, so die Legende, dabei die Menge des ihm überlassenen Goldes zu verdoppeln. So konnte er zwei Sessel fertigen und dabei den einen verkaufen, um den Erlös den Armen zukommen zu lassen.

Auch seine Tätigkeit als Hufschmied ist legendenumwoben. So heißt es in einer Legende, dass er einst einem besonders störrischen Pferd neue Hufeisen anpassen sollte. Als das Pferd ihm dabei zu viele Schwierigkeiten gemacht habe, soll Eligius dem Pferd kurzerhand ein Bein abgeschnitten, diesen Fuß dann beschlagen und dem Pferd wieder angesetzt haben.

Reifferscheid, Pfarrkirche St. Matthias

Lage

Reifferscheid, PLZ 53940, ist ein Ortsteil von Hellenthal im Kreis Euskirchen und gehört zum Einzugsgebiet des Nationalparks Eifel. Die Pfarrkirche liegt im hochgelegenen Ortsteil von Reifferscheid.

Entfernungen

- Von Aachen 60 km über die B 258 Richtung Koblenz über Monschau nach Schöneseiffen, rechts ab Richtung Trier bis Hellenthal, links ab nach Reifferscheid.
- Von Köln 86 km über die A 1 Richtung Trier bis Blankenheim, B 258 Richtung Aachen bis Sistig, links ab nach Reifferscheid.
- Von Bonn 88 km über die B 56 bis Euskirchen, B 266 über Mechernich nach Kall, weiter über Sötenich, Rinnen und Sistig nach Reifferscheid.
- Von Koblenz 113 km über die B 258 Richtung Aachen über Nürburgring und Blankenheim bis Sistig, links ab nach Reifferscheid.
- Von Trier 112 km über die B 51 Richtung Köln nach Bitburg, A 60 Richtung Lüttich bis Prüm, B 51 Richtung Köln bis Blankenheim, B 258 Richtung Aachen bis Sistig, links ab nach Reifferscheid.

Zugangsmöglichkeit

Die Kirche ist ganztägig geöffnet und frei zugänglich.

Einkehrmöglichkeit

Café Eulenspiegel in der Burgruine bei der Kirche, 53940 Hellenthal, Tel. 0 24 82 / 60 60 40; Fax 60 67 60.

Infos

Tourist-Information und Nationalpark-Infopunkt Hellenthal,
53940 Hellenthal, Tel. 02482/851 15,
E-Mail: tourismus@hellenthal.de; Website: www.hellenthal.de

Geschichte

Auf einem Bergsporn hoch über dem heutigen Dorf Reifferscheid im Tal liegt die überaus malerische Keimzelle von Reifferscheid, der noch vollkommen von seiner alten Wehranlage mit Mauer, Toren und Burg geprägte historische Ortskern von Reifferscheid. Wann hier die erste Kirche entstanden ist, weiß man nicht. Wahrscheinlich war es die Kapelle der 1106 erstmals erwähnten Burg.

Die Pfarrkirche St. Matthias

Die Herren dieser Burg waren die Grafen von Reifferscheid, die durch Erbschaft im 15. Jahrhundert den Titel der Grafen von Salm erwarben. Seit 1460 nannte sich Graf Johann VI. von Reifferscheid dann Graf zu Salm-Reifferscheid. Er wurde zum Stammvater der späteren Fürsten zu Salm-Reifferscheid-Dyck.

Die Kapelle wurde 1130 zur Pfarrkirche erhoben. Diese Pfarrkirche war dem heiligen Kreuz geweiht, der Apostel Matthias wurde erst 1802 zum Patron dieser Kirche erhoben.

Lage und Architektur der Kirche sind bemerkenswert. Die Kirche ist in die alte

Wehrmauer integriert, was zur Folge hat, dass die Längsachse der Kirche nicht geradlinig verläuft, sondern sich der Wehrmauer anpasst.

Bis 1489 war die Kirche vermutlich nur ein zweischiffiger Bau mit einem Holzdach. Der Rundturm im Südosten diente als Zugang zum südlichen und östlichen Wehrgang. Um 1491 erhielt die Kirche dann weitgehend den heutigen Zustand, wobei vor allem der Chor erweitert wurde und die verschiedenen Gewölbe entstanden. Im Zweiten Weltkrieg wurde die Kirche während der Kämpfe im Rahmen der sogenannten *Ardennenoffensive* im Herbst-Winter 1944/45 sehr in Mitleidenschaft gezogen. Die Schäden wurden zwischen 1948 und 1979 behoben.

Der Chor der Pfarrkirche

Das Patrozinium

Während die Reifferscheider Burgkirche zunächst ein Heilig-Kreuz-Patrozinium hatte, wurde 1802 zur Zeit der französischen Besatzung aus heute nicht mehr näher bekannten Gründen der Apostel Matthias Pfarrpatron. Sein Festtag ist der 24. Februar.

Über Matthias gibt es nur wenige gesicherte Nachrichten. Er wird zwar immer zu den 12 Aposteln gezählt, doch gehörte er zu Christi irdischen Lebzeiten lediglich zu den 70 Jüngern, die von Christus „in alle Welt gesandt" wurden. Erst nach Christi Himmelfahrt wurde er durch das Los als Ersatz für den Verräter Judas zum Apostel gewählt. In den Darstellungen der 12 Apostel wird er meist durch Paulus ersetzt.

Matthias soll aus einer vornehmen Familie in Bethlehem stammen und sich in jungen Jahren den Jüngern Christi angeschlossen haben. Über sein Wirken gibt es unterschiedliche Darstellungen. So soll er in Judäa gepredigt haben und deshalb um das Jahr 63 vom Hohen Rat zum Tode verurteilt, gesteinigt und enthauptet worden sein. Nach anderen Versionen war er als Glaubensbote in Griechenland, dem Kaukasus und in einem Äthiopien genannten Land am Schwarzen Meer tätig und soll in einem dieser Länder den Märtyrertod erlitten haben. Da er nach allen Versionen mit einem Beil enthauptet worden sein soll, wird er oft mit einem Beil in der Hand dargestellt. Matthias gilt auch als Verfasser eines nur noch fragmentarisch erhaltenen Evangeliums, das von der Amtskirche aber nicht anerkannt wird.

Nach der Überlieferung wurden die Reliquien des Heiligen zunächst in Santa Maria Maggiore in Rom beigesetzt. Ein Teil der Reliquien soll dann durch die Kaiserinmutter Helena nach Trier gebracht worden sein.

Hier sind jedoch große Fragezeichen angebracht. Helena starb bereits 330. Die Kirche Santa Maria Maggiore wurde jedoch erst zwischen 432 bis 440 erbaut, also 100 Jahre nach dem Tod Helenas. Da immer wieder genannte Vorgängerkirchen nicht nachgewiesen werden können, muss man offen sagen, dass nicht bekannt ist, wo Matthias' Reliquien tatsächlich ursprünglich beigesetzt wurden. Welche Folgen sich für den Matthiaskult in Trier daraus ergeben können, mag jeder für sich selbst überlegen. Immerhin lebt im ganzen Rheinland, nicht nur im Bistum Trier, immer noch eine starke Wallfahrtstradition mit Fußwallfahrten zum Grabe des Heiligen in Trier.

Wie kaum ein anderer Heiliger spielt der heilige Matthias eine große Rolle in der Volksfrömmigkeit und bei bäuerlichen Wetterregeln.

„Mattheis bricht's Eis", heißt es zum Beispiel, oder: „Ist es zu Sankt Matthias kalt, hat der Winter noch lange Gewalt".

Das Kircheninnere

Man betritt das Kircheninnere durch einen seitlichen Zugang in der nördlichen Vorhalle, wobei der Blick auf zwei mächtige Rundpfeiler trifft, die mit einem Durchmesser von 1,70 m den Kirchturm tragen. Bei einem Blick an die Decken der drei Schiffe ist zu erkennen, dass hier dreierlei verschiedene Arten von Gewölben geschaffen wurden. Über dem Chor ist ein Sterngewölbe zu sehen, über dem Mittelschiff ein Kreuzgewölbe und über den beiden Seitenschiffen ein Spinnengewölbe, das über der linken Seitenkapelle besonders schön ausgeprägt ist.

Kostbares Netzgewölbe

Zu den bemerkenswerten Kunstwerken in der Kirche gehört zunächst das Gemälde „Der Lanzenstich“ von P. P. Rubens. Es ist allerdings nur eine Kopie des im Königlichen Museum in Antwerpen befindlichen Originals.

Ein Original ist dagegen das an der Westwand der rechten Seitenkapelle bei der Kriegergedächtnisstätte befindliche Gemälde der „Hl. Dreifaltigkeit“. Maler und Entstehungszeit sind nicht gesichert, doch wird das Bild dem fürstlichen Hofmaler Peter Misgeld zugeschrieben, der zeitweise auf Schloss Dyck lebte und sich 1761 vier Monate auf Burg Reifferscheid aufgehalten und hier gemalt hat. Die auf dem Bild dargestellte „Stifterfigur“ stellt Graf Franz-Ernst dar, der von 1659 bis 1727 gelebt hat, also nicht wirklich als Stifter infrage kommt.

Nachfolger dieses Grafen wird Carl Anton für die Zeit von 1734 bis 1755. 1720 hatte er sich mit Gräfin Maria Franziska Eleonore Esterhazy aus Ungarn vermählt. Darauf weist das Esterhazysche Wappen auf dem Gemälde hin, das hier in einer Eifeler Burgkirche immer wieder für Fragen sorgt.

Vlatten, Pfarrkirche St. Dionysius

Lage

Vlatten, PLZ 52396, ist ein Ortsteil der Stadt Heimbach und gehört damit zum Kreis Düren. Vlatten liegt an der B 265 zwischen Schleiden und Zülpich.

Entfernungen

- Von Aachen 82 km über die B 258 Richtung Koblenz bis Schleiden, B 265 Richtung Zülpich nach Vlatten.
- Von Köln 41 km über die A 1 Richtung Trier bis Doppelausfahrt Euskirchen-Zülpich, B 56 nach Zülpich, B 265 nach Vlatten.
- Von Bonn 52 km auf der B 256 über Euskirchen nach Zülpich, B 265 Richtung Schleiden nach Vlatten.
- Von Koblenz 121 km über die A 48 Richtung Trier bis Kreuz Koblenz, A 61 Richtung Venlo bis Kreuz Bliesheim, A 1 Richtung Trier bis Doppelausfahrt Euskirchen-Zülpich, B 56 nach Zülpich, B 265 nach Vlatten.
- Von Trier 132 km über die B 51 Richtung Köln bis Bitburg, A 60 Richtung Lüttich bis Prüm, B 51 Richtung Köln bis Schmidtheim, links ab zur B 258 nach Milzenhäuschen, B 258 Richtung Aachen bis Schleiden, B 265 Richtung Zülpich nach Vlatten.

Zugangsmöglichkeit

Die Kirche ist ganztägig geöffnet und frei zugänglich.

Einkehrmöglichkeit

Eine entzückende Einkehrmöglichkeit bietet das *Hausener Kaffeestübchen* im Heimbacher Stadtteil Hausen. Es befindet sich in der Burg Hausen, ist stilvoll eingerichtet und bietet stets frische Konditoreierzeugnisse aus eigener Herstellung. Bei schönem Wetter kann man draußen im Burghof sitzen, Tel. 02446 / 3507, montags geschlossen.

Infos

Rureifel-Tourismus, An der Laag 4, 52396 Heimbach,
Tel. 02446 / 8057930; Fax 8057930.
E-Mail: info@rureifel-tourismus.de; Website: www.rureifel-tourimsmus.de

Geschichte

Historisch gesehen, ist Vlatten, dessen Name möglicherweise vom keltischen Wort *Vlatos = Herrscher* kommt und einen eventuellen keltischen Ursprung des Ortes erkennen lassen könnte, wohl der wichtigste Ort im Heimbacher Stadtgebiet.

Zur Zeit der fränkischen Könige gab es in Vlatten eine bereits 838 von Karls des Großen Sohn (768-814), Kaiser Ludwig dem Frommen (814-840), gegründete Königspfalz. Darunter muss man sich eine Art Stützpunkt vorstellen, der immer wieder von den Herrschern, die ja damals noch keinen festen Regierungssitz hatten, aufgesucht wurde. Hier hielten sie sich für kürzere oder auch längere Zeit auf. Vor allem waren solche Pfalzen Stützpunkte, von denen aus die Herrscher zur Jagd aufbrachen. Für Vlatten war das Jagdgebiet das Waldgebirge der Ardennen. Das war nichts anderes als die Eifel. Den Begriff *Eifel* kannte man damals noch nicht, der hat sich erst im 15. Jahrhundert allmählich für den östlichen Teil der Ardennen herausgebildet.

Zur Königspfalz gehörte auch eine Kapelle, aus der die heutige Vlattener Pfarrkirche St. Dionysius hervorgegangen sein könnte. Ältester Teil der heutigen Kirche ist jedenfalls der wuchtige Kirchturm, der um 1000 gebaut worden sein soll.

In seinen beiden oberen Geschossen war der Turm ein Wohnturm. Hier hatte der König oder der Pfalzgraf während seines Aufenthalts eine Wohnmöglichkeit. Im Erdgeschoss des Turms war eine Gerichtsstätte.

Pfarrkirche St. Dionysius

Wahrscheinlich sind Mittelschiff und Apsis um die gleiche Zeit entstanden wie der Turm. Im 13. Jahrhundert entstand das südliche Seitenschiff sowie ein nördliches Seitenschiff. Dieses sogenannte *Frauenschiff* wurde im 18. Jahrhundert wegen Baufälligkeit abgerissen und erst 1928 auf den mittelalterlichen Fundamenten wieder aufgebaut. Auch das südliche Seitenschiff war im 18. Jahrhundert baufällig, wurde aber damals bereits wiederhergestellt.

Ob es bereits vor 1000 eine vielleicht hölzerne Pfalzkapelle an der Stelle der Apsis der heutigen Kirche und dann später einen steinernen Nachfolgebau gegeben hat, wird unter Fachleuten bis heute diskutiert.

Patrozinium

Der heilige Dionysius, dessen Fest am 9. Oktober gefeiert wird, war der erste Bischof von Paris. Sein Geburtsjahr ist unbekannt, er soll aus Italien gekommen sein und um 250 in Paris auf Geheiß des römischen Präfekten auf dem Montmartre enthauptet worden sein. Der Legende nach stand er jedoch wieder auf, nahm seinen Kopf in die Hände und ging bis zu der Stelle, an der er begraben werden wollte. Hier wurde später die Abtei St. Dénis gebaut und auf Veranlassung von König Dagobert (623-639) im siebten Jahrhundert die berühmte Kathedrale Saint-Dénis errichtet. Sie wurde zur Grablege der Merowinger, Karolinger und später der französischen Könige.

Im Hinblick auf seine Enthauptung wurde der Heilige, der stets mit dem Kopf in seinen Händen dargestellt wird, um Hilfe bei Kopfschmerzen angerufen. Er gilt weiterhin als Fürbitter bei Hundebissen, Syphilis, seelischer Unruhe und als Patron der Schützen. Schon früh wurde er unter die 14 Nothelfer aufgenommen. Spätestens seit dem neunten Jahrhundert war der heilige Dionysius der unbestrittene Nationalheilige Frankreichs. Seine Popularität auch in Deutschland spiegelt sich nicht zuletzt in zahlreichen alten Bauern-Wetterregeln.

St. Dionysius segnet die Vlattener Kirche

„Regnet's an St. Dionys, regnet's den ganzen Winter gewiss“.

„Regen an St. Dionys, viel Regen und Schnee im Winter gewiss“.

Kirchen, die dem heiligen Dionysius geweiht sind, sind in der Regel sehr alt. Von St. Dénis, wo Dagobert (623-639), Karl Martell (676-741), Pipin II. (635-714) und 23 weitere Könige begraben wurden, gelangte der Dionysiuskult mit den französischen Heerzügen nach Osten, insbesondere in fränkisches Siedlungsgebiet. Vor allem in Siedlungen, die als Gründungen fränkischer Könige bekannt sind, taucht die Verehrung des heiligen Dionysius auf. Da Vlatten, wie oben kurz skizziert, als fränkische Königspfalz gegründet wurde, liegt es nahe, das Patrozinium des französischen Nationalheiligen für die Vlattener Kirche unter diesem Gesichtspunkt zu sehen.

Das Kircheninnere

Erdgeschoss des Turms mit Taufbecken und Kruzifix

Man betritt die Kirche durch den westlichen Teil des südlichen Seitenschiffs und kommt zunächst in die Totengedächtniskapelle. Hier steht der Besucher einem sehr ausdrucksstarken, einfachen, gekreuzigten Christus gegenüber, der, im 18. Jahrhundert entstanden, an einem sehr massiven Kreuzbalken hängt. Dieser Vorraum, in dem sich die Gedächtnisstätte befindet, war früher das Beinhaus der Gemeinde. Hier wurden die Totengebeine aufbewahrt, die bei der Anlage von Neugräbern zutage gefördert wurden.

Die Kirche selbst hatte ursprünglich eine reiche barocke Ausstattung, von der allerdings nicht mehr viel erhalten ist. Bemerkenswert ist allerdings die farbig gefasste Kanzel, die aus der nach der Säkularisation zerstörten Abteikirche Maria Wald stammt.

Der Hochaltar (links) und die Kanzel

In den Fächern des hölzernen Kanzelkorbs stehen die Figuren der lateinischen Kirchenväter Augustinus, Gregor der Große, Hieronymus und Ambrosius. Schalldeckel und Fuß dieser Kanzel sind nicht mehr vorhanden.

Im Gewölbe der Chorapsis sind noch Reste mittelalterlicher Malerei zu sehen, die wohl aus der Zeit um 1500 stammen und bei Restaurierungsarbeiten 1962/63 entdeckt wurden. Der barocke Hochalter im Chor ist 1670 entstanden.

Ein interessantes Gemälde hängt an der westlichen Wand des Südschiffs. Es zeigt vor dem Hintergrund der Eifelberge den Kirchenpatron Dionysius, der seine rechte Hand segnend und schützend über Vlatten hält.

Gewölbemalerei

Rechtes Seitenschiff

Wollersheim, alte Kirche

Lage

Wollersheim, PLZ 52385, ist ein Ortsteil von Nideggen im Kreis Düren. Es liegt zwischen Nideggen und Zülpich.

Entfernungen

- Von Aachen 60 km über die A 4 Richtung Köln bis Ausfahrt Düren, B 56 Richtung Zülpich, B 265, L 11 nach Wollersheim.
- Von Köln 51 km über die A 1 bis Kreuz Erftstadt, B 256, L 11 nach Wollersheim.
- Von Bonn 58 km über die B 56 Richtung Zülpich, B 265, L 11 nach Wollersheim.
- Von Koblenz 118 km über die A 48 Richtung Trier bis Kreuz Koblenz, A 61 Richtung Venlo bis Kreuz Bliesheim, A 1 Richtung Trier bis Euskirchen, B 51 Richtung Trier zur B 265 über Zülpich zur L 11 nach Wollersheim.
- Von Trier 134 km über die B 51 Richtung Köln bis Bitburg, A 60 Richtung Lüttich bis Prüm, B 51 Richtung Köln bis Blankenheim, B 258 bis Schleiden, B 265 Richtung Zülpich, L 11 nach Wollersheim.

Zugangsmöglichkeit

Die alte Kirche ist grundsätzlich geschlossen. Wegen Zugangsmöglichkeit und einer Führung wende man sich an Albert Grein, Tel. 02425 / 676.

Einkehrmöglichkeit

Café Dohmen am Markt, Markt 2, 52385 Nideggen, Tel. 02427 / 1290.

Infos

Verkehrsamt Nideggen, Zülpicher Str. 1, 52385 Nideggen,
Tel. 02427/8090, Fax 02427/80947, Website: www.nideggen.de

Geschichte

Die alte Kirche von Wollersheim ist eine der geheimnisumwittertsten Kirchen der Eifel. Schon sehr früh hat es in Wollersheim einen Stift gegeben, zu dem sicherlich auch eine Kirche gehörte. Darüber ist allerdings nichts nachweisbar. Eine Legende besagt jedoch, dass bereits im frühen achten Jahrhundert die heilige Plektrudis auf Veranlassung des heiligen Willibrordus hier eine Kirche gebaut haben soll, die sicherlich, wie damals üblich, ein bescheidener Holzbau war. Um 700 soll Plektrudis diese Kirche dann dem Stift Maria im Kapitol in Köln geschenkt haben.

Plektrudis war nicht irgendwer. Sie war wahrscheinlich die Tochter von Irmina von Ören, die maßgeblich an der Gründung der Abtei Echternach durch den heiligen Willibrord beteiligt war.

Alte Kirche

Sie stiftete zusammen mit ihrem Gemahl, dem fränkischen Hausmeier (König) Pippin dem Mittleren (635-714), zahlreiche Kirchen und Klöster, gründete das Stift St. Maria im Kapitol in Köln und zog sich selbst in dieses Kloster zurück, nachdem 717 ihr Mann gestorben war und ihr Stiefsohn Karl Martell sie aus der Residenz vertrieben hatte. Sie starb 726 in Köln.

Urkundlich belegt ist, dass das Stift Maria im Kapitol bereits 1184 einen Hof bei der Kirche in Wollersheim besaß. Fachleute schätzen, dass der Turm der alten Wollersheimer Kirche, in dessen Mauerwerk zahlreiche römische Ziegelreste eingearbeitet sind, Mitte des 12. Jahrhunderts gebaut wurde. Von der Kirche, zu der dieser Turm damals gehörte, einem frühromanischen einschiffigen Bau, ist nichts erhalten. Sie bildete mit dem Stiftshof eine Einheit, was heute noch zu erkennen ist.

Als Grundherrinnen von Stiftshof und Kirche mussten die Äbtissinnen von Maria im Kapitol, samt und sonders Frauen aus den höchsten Adelskreisen,

Blick aus der Turmkapelle

immer wieder in Wollersheim nach dem Rechten sehen. Zeitweise sollen im Stiftshof auch Gerichtsverhandlungen stattgefunden haben, bei denen die jeweilige Äbtissin als Inhaberin der Gerichtsbarkeit anwesend sein musste.

Im 15. Jahrhundert wurden Langschiff und Chor der heutigen Kirche gebaut, in den folgenden Jahrhunderten immer wieder vergrößert, neu eingewölbt und mit Verzierungen versehen.

1958 sollte die alte Kirche abgebrochen und im Freilichtmuseum Kommern wieder aufgebaut werden. Doch der Widerstand der Dorfbevölkerung war so stark, dass „die Kirche im Dorf gelassen" wurde. Seit 1977 dient die alte Kirche nur noch als Friedhofskapelle.

Wenn Wissenschaftler von einer Sensation sprechen, sollte man aufmerken. Als eine solche Sensation bezeichnen Experten die Entdeckung einer romanischen Kapellenanlage im Jahre 1903, die völlig in Vergessenheit geraten war. Damals war die neue Kirche in Wollersheim fertig gestellt, und die Orgel sollte aus der alten Kirche in das neue Gotteshaus

Chor der alten Kirche

gebracht werden. Beim Abbau der Orgel im Turm der alten Kirche wurde an der Stelle, an der sich der Blasebalg befunden hatte, diese Kapelle entdeckt.

Da man bei weiteren Forschungen feststellte, dass von dieser Kapelle im ersten Turmgeschoss ein Übergang zum Stiftshof existiert haben musste, war man sicher, dass diese Kapelle den Grundherrinnen, den Äbtissinnen von Maria im Kapitol, die Gelegenheit gegeben hatte, unbemerkt von den übrigen Gläubigen in der Kirche, der heiligen Messe beizuwohnen. Dazu diente ein Fenster in der Kapelle, das sich zum Schiff hin öffnete und dank einer bis dahin für die Fachleute nicht recht erklärbaren Anordnung der Pfeiler im Schiff einen freien Blick zum Altar ermöglichte. Dieses Fenster war jahrhundertelang vermauert gewesen. Möglicherweise hat es aber auch in der Kapelle selbst einen Altar gegeben.

Der Stiftshof, heute eine weiträumige, um einen großen Innenhof platzierte Anlage, dient heute dem Landschaftsverband Rheinland als Sitz der Außenstelle des Rheinischen Amtes für Bodendenkmalpflege.

Bei einer Kirchenführung

Das Kircheninnere

Man betritt die Kirche durch ein spätgotisches Sandsteinportal in der Südwand. Das Kircheninnere präsentiert sich als zweischiffige Halle, die nach Abbruch der einstigen Seitenschiffe im 18. Jahrhundert und 1913 vom ursprünglich dreischiffigen Bau des 15. Jahrhunderts erhalten blieb. Sie ist von einem Kreuzrippengewölbe überspannt, das von achteckigen Mittelsäulen ohne Kapitelle getragen wird.

Im Chor befinden sich Reste einer 1517 entstandenen Rankenausmalung und ein aufgemauerter Altartisch mit Kantensäulen, der bereits Ende des 11./Anfang des 12. Jahrhunderts entstanden sein soll.

Deckenmalerei

Voreifel

Bürvenich | Elsig | Frauenberg

Bürvenich, ehemalige Kloster- und heutige Pfarrkirche St. Stephanus

Lage

Bürvenich, PLZ 53309, ist heute ein Stadtteil von Zülpich in der Voreifel und gehört damit zum Kreis Euskirchen.

Entfernungen

- Von Aachen 58 km über die A 4 bis Ausfahrt Düren, B 56 bis Froitzheim, B 265/B 477 Richtung Köln bis Eppenich, L 11 nach Bürvenich.
- Von Köln 50 km über die A 1 Richtung Erftstadt bis Ausfahrt Lechenich, B 265 Richtung Zülpich, durch Zülpich bis Eppenich, L 11 bis Bürvenich.
- Von Bonn 58 km über die B 56 bis Ifter, A 61 Richtung Köln/Aachen bis Kreuz Bliesheim, A 1 Richtung Euskirchen bis Ausfahrt Euskirchen, B 51 Richtung Zülpich, B 56 Richtung Zülpich bis Eppenich, L 11 nach Bürvenich.
- Von Koblenz 117 km über die B 9, A 48 Richtung Köln/Aachen bis Kreuz Bliesheim, A 1 Richtung Euskirchen bis Ausfahrt Euskirchen, B 51 Richtung Zülpich, B 56/B 265 Richtung Zülpich, bis Eppenich, L 11 nach Bürvenich.
- Von Trier 136 km über die B 51 Richtung Aachen bis Bitburg, A 60 Richtung Lüttich bis Prüm, Ausfahrt Prüm, B 51 zur A 1, A 1 Richtung Köln bis Ausfahrt Wisskirchen, B 266 Richtung Schleiden, K 10 Richtung Nideggen, L 11 nach Bürvenich.

Zugangsmöglichkeit

Die Kirche ist außerhalb der Gottesdienstzeiten normalerweise geschlossen. Falls die Kirche geöffnet ist, bleibt der Chor mit dem kostbaren

Antwerpener Schnitzaltar, durch eine Alarmanlage gesichert, unzugänglich. Wegen des Schlüssels und einer Führung wende man sich an den Küster, Herrn Gaul, Tel. 0 24 25 / 3 40.

Einkehrmöglichkeit

Restaurant Dubrovnik, Bonner Straße 2, 53909 Zülpich,
Tel. 0 22 52 / 22 84, Fax 8 19 56, www.hotel-europa-zuelpich.de

Infos

Tourist-Information Zülpich, Stadtgeschichte & Tourismus,
53909 Zülpich, Tel. 0 22 52 / 5 22 12,
E-Mail: hgdick@stadt-zuelpich.de; Website: www.stadt-zuelpich.de

Geschichte

Bürvenich, ein heutiger Stadtteil der nahen Stadt Zülpich, präsentiert sich dem Besucher als ein lang gezogenes Straßendorf. Es soll sich aus einer keltisch-römischen Siedlung an der wichtigen Fernstraße Köln-Zülpich-Reims entwickelt haben und bis heute durchgehend besiedelt geblieben sein. In der karolingischen Zeit war die Abtei Prüm das zuständige Hauskloster. Später ging die Siedlung an die Territorialherren, die Grafen von Molbach (s. hierzu das Kapitel Obermaubach im Buch *Heimbach und die Rureifel* des Verfassers, erschienen im Verlag Meyer & Meyer) und die Grafen von Jülich über. Bis 1794 gehörte Bürvenich den Jülichern.

Um 1200 gründeten diese hier ein Zisterzienserinnenkloster. Genauer gesagt, war die Gründerin dieses Klosters die Gräfin Alverardis, Witwe des 1177 verstorbenen Grafen Wilhelm II. von Jülich. Dieses Kloster hat bis 1803 bestanden, bis es im Zuge der Säkularisation aufgehoben wurde. Heute noch bilden die erhalten gebliebenen Klostergebäude und die ehemalige Klosterkirche St. Stephan das Zentrum des Dorfs. Dieser vom Barock geprägte Baukomplex hebt sich aus der Umgebung der übrigen Gebäude des Dorfs ab. In ihm steckt hinter der barocken Fassade noch mittelalterliche Bausubstanz, im Gegensatz zu den übrigen Häusern des Dorfs, das vor allem 1687 stark zerstört und im 17. bis 19. Jahrhundert wieder aufgebaut wurde.

Der Kirchenbau

Die Pfarrkirche St. Stephanus

Die heutige Pfarrkirche St. Stephanus bildet mit dem einstigen Äbtissinnenwohnhaus, dem Pfarrhaus mit seinen Nebengebäuden, dem durch eine Mauer umfriedeten Friedhof mit Beinhaus einen auffallend zusammengehörenden Komplex. Herausragendes Bauwerk ist dabei die äußerlich schlichte Kirche, die Ende des 12. Jahrhunderts gebaut wurde. Rein architektonisch ist die Kirche eine Saalkirche, aus Bruchstein errichtet, die möglicherweise auf eine Vorgängerkirche aus dem 12. Jahrhundert zurückgeht. Bemerkenswert für eine ehemalige Zisterzienserinnenkirche ist der Kirchturm. Zisterzienserkirchen hatten in den ersten Jahrhunderten nach der Ordensgründung keinen Turm. Dieser Turm hier ist erst um 1600 entstanden, daneben hat diese Kirche, wie alle Kirchen dieses Ordens, einen Dachreiter. Nach Bränden vor 1448 und 1619 wurde die Kirche teilweise umgebaut. Zwischen 1948 und 1953 kam es nach schweren Kriegsschäden zu einer umfassenden Restaurierung.

Das Patrozinium

Stephanus, dessen Fest am 26. Dezember gefeiert wird, wurde mit sechs anderen von den Aposteln zu Jerusalem zum Diakon geweiht. Zahlreiche Wunder sollen seine Verkündigung des Evangeliums unterstützt haben. Das zog ihm den Hass der orthodoxen Juden zu. Vor dem Hohen Rat wurde er angeklagt, hielt dort eine flammende Verteidigungsrede. Trotzdem wurde er zum Tode verurteilt und gesteinigt. Im Mittelalter gehörte Stephanus in Deutschland zu den am meisten verehrten Märtyrern. Er wird immer mit einem Buch als Hinweis auf die Verkündigung des Evangeliums und mit einer Palme als Zeichen seines Märtyrertodes dargestellt.

Steinigung des hl. Stephanus

Das Kircheninnere

Schlicht, wie es die Ordensregeln der Zisterzienser vorgaben, empfängt den Besucher der Kirchenraum als einschiffige Hallenkirche. Wichtigstes Schmuckstück und Blickfang ist der Antwerpener Altar von 1520 (s. dazu weiter unten „Das Hin und Her um einen Altar“).

Beim Betreten der Kirche sieht man linkerhand in der Turmmitte eine mächtige, vierfach verstrebte, hölzerne Säule aus der Barockzeit als stabile Absicherung des Glockenstuhls.

Auffallend ist im Kirchenschiff der weit in Richtung Altar vorgezogene ehemalige Nonnenchor. Da die Kirche nicht nur Klosterkirche war, sondern auch als „Volkskirche" von der Dorfbevölkerung mitgenutzt werden konnte, musste nach dem Konventsverständnis der Zisterzienserinnen Vorsorge getroffen werden, das unter keinen Umständen irgendein, wenn auch nur Blickkontakt, zwischen den Laien und den Nonnen möglich war.

Gotisches Sakramentshäuschen aus dem 15. Jahrhundert

Ursprünglich befand sich unterhalb des Nonnenchors eine Trennmauer, die die Klosterkirche und die Pfarrkirche optisch trennte.

In der Apsis fällt ein gotisches Sakramentshäuschen von 1463 mit Ahnenwappen der Äbtissin Johanna von Berg-Blens auf.

Das Hin und Her um einen Altar

Weit über das Zülpicher Land hinaus ist Bürvenich bei allen Kunstfreunden bekannt durch den Antwerpener Schnitzaltar, der etwa um 1520 entstanden sein dürfte. In Gold und leuchtenden Farben prangt das kostbare Stück mit seinen Schnitzfiguren und den links und rechts am Schrein befestigten Tafelbildern im Chor der Kirche.

Für die Zuordnung dieses Kunstwerks zu einem bestimmten Antwerpener Meister oder einer Werkstatt fehlen die Hinweise. Man muss wissen, dass Antwerpen im 15. und 16. Jahrhundert eine Hochburg der Schnitzkunst war und in zahlreichen Werkstätten in oft jahrelangen Arbeitsprozessen kostbare Altäre hergestellt wurden.

Antwerpener Schnitzaltar, um 1500

Es gibt auch keine Unterlagen darüber, wer letztlich diesen Altar in Auftrag gegeben und bezahlt und dann wahrscheinlich den Zisterzienserinnen geschenkt hat. Die Nonnen dürften kaum in der Lage gewesen sein, ein solches Kunstwerk, das auch damals einen hohen Wert hatte, zu bezahlen.

Der Bürvenicher Schnitzaltar, eines der ganz großen Kunstwerke, die in Eifeler Kirchen zu finden sind, hat eine wechselvolle Geschichte, die letztlich Zeugnis davon gibt, dass sogar hochwürdige Ortspfarrer nicht davor gefeit sind, unschätzbare Kostbarkeiten einem kurzfristigen Geldgewinn zu opfern.

1888 hatte der Pfarrer von St. Gereon in Köln bei einem Eifelausflug auch Bürvenich besucht und den Antwerpener Altar in der ehemaligen Klosterkirche gesehen. Dass das kostbare Stück in der Kirche eines in seinen Augen unbedeutenden Eifeldorfs stand, ließ ihm keine Ruhe. Seine Pfarrkirche St. Gereon war in seinen Augen wesentlich besser geeignet, ein solches Kunstwerk aufzunehmen.

Anfang Dezember 1888 erbat sich der Pfarrer vom Kölner Generalvikariat die Erlaubnis, die ehemalige Stiftskirche St. Gereon neu auszustatten. Der Bürvenicher Altar erschien ihm dazu bestens geeignet. Nachdem das Generalvikariat seine Zustimmung gegeben hatte, ohne zu wissen, was der Pfarrer im Schilde führte, unterbreitete der Pfarrer dem Kirchenvorstand von Bürvenich ein Kaufangebot für den Altar zu einem Preis von 10.000,– Mark. Um das Geld brauchte er sich keine Gedanken zu machen, hatte ihm doch ein namentlich nicht bekannter Wohltäter zugesichert, jede Geldsumme für den Erwerb des Altars zu stiften. Man darf wohl ruhig davon ausgehen, dass dieser Mann ein Gemeindemitglied von St. Gereon war, das sich im Glanze dieses Goldaltars sonnen wollte.

Anbetung des neugeborenen Kindes

Verkündigung und Begegnung

Das Angebot schlug in Bürvenich ein wie eine Bombe und führte zu heftigen Kontroversen im Kirchenvorstand. Einige Mitglieder des Kirchenvorstands wandten sich mit einem Schreiben an das Kölner Generalvikariat. Dabei stellten sie sich ganz entschieden gegen einen Verkauf des Altars, des einzigen nennenswerten Kunstwerks, über das die Kirche verfügte. Es half nichts, der Kirchenvorstand entschied sich letztlich auf Drängen des Bürvenicher Pfarrers zum Verkauf.

Da alsbald im Dorf das Gerücht gestreut wurde, der Altar sei verschleudert, weit unter Wert verkauft worden, da ein englischer Sammler den dreifachen Preis zu zahlen bereit gewesen wäre, standen sich alsbald in Bürvenich zwei Parteien unversöhnlich gegenüber.

Die Folge war zunächst, dass der Generalvikar sich zum sofortigen Einschreiten veranlasst sah und den Pfarrer von Bürvenich zum Rapport nach Köln einbestellte. Er soll ihm dort zwar gehörig die Leviten gelesen haben, doch der Verkauf wurde nicht rückgängig gemacht, mochte er selbst in Kreisen des Kölner Generalvikariats als unrechtmäßig angesehen worden sein. Der Friede innerhalb der Pfarrgemeinde in Bürvenich allerdings war für rund 60 Jahre gestört.

Grablegung und Auferstehung Christi

1954 richtete der Bürvenicher Kirchenvorstand eine Anfrage an das Kölner Generalvikariat, ob man dort eine Möglichkeit sehe, den Antwerpener Altar in die Eifel zurückzugeben. So tragisch es sein mag, aber die Kriegszerstörungen in Köln, die auch St. Gereon hart getroffen hatten, ließen die Bürvenicher Bitte auf fruchtbaren Boden fallen. Der von Bürvenich gebotene Rückkaufpreis von 20.000,– DM war der Pfarrei St. Gereon angesichts der Notwendigkeit, Kriegsschäden zu beseitigen, hoch willkommen. Dass von dieser Summe das Kölner Generalvikariat drei Viertel, nämlich 15.000,– DM, aufbrachte, mag dem schlechten Gewissen geschuldet gewesen sein, das man wohl immer noch gehabt hatte.

Nach gründlicher Restaurierung befindet sich das kostbare Kunstwerk aus Antwerpen heute wieder an seinem alten Platz in der ehemaligen Klosterkirche zu Bürvenich.

Elsig, Pfarrkirche Kreuzauffindung

Lage

Elsig, PLZ 53881, ist heute ein Stadtteil von Euskirchen und gehört damit zum Kreis Euskirchen.

Entfernungen

- Von Aachen 61 km über die A 4 bis Düren, B 56 Richtung Zülpich bis Elsig.
- Von Köln 47 km über die B 51 bis Kreuz Bliesheim, A 1 Richtung Trier bis Ausfahrt Wisskirchen, B 266 bis Wisskirchen, B 56 Richtung Zülpich bis Elsig.
- Von Bonn 48 km über die B 56, A 61 Richtung Venlo bis Kreuz Bliesheim, A 1 Richtung Euskirchen bis Ausfahrt Wisskirchen, B 266 nach Wisskirchen, B 56 Richtung Düren bis Elsig.
- Von Koblenz 108 km über die B 9 Richtung Bonn, A 48 Richtung Köln, A 61 Richtung Köln/Bonn bis Kreuz Bliesheim, A 1 Richtung Trier bis Wisskirchen, B 266 nach Wisskirchen, B 56 Richtung Zülpich nach Elsig.
- Von Trier 129 km über die B 51 Richtung Aachen bis Bitburg, A 60 Richtung Lüttich bis Prüm, B 51 Richtung Köln bis Anschluss A 1 Richtung Köln bis Wisskirchen, L 266 nach Wisskirchen, B 56 Richtung Zülpich bis Elsig.

Zugangsmöglichkeiten

Die Kirche ist meistens verschlossen, den Schlüssel hat die Küsterin, Marlene Pohl, Tel. 0 22 52 / 23 96.

Einkehrmöglichkeit

Café Alter Markt, Marktplatz 10, 53879 Euskirchen, Tel. 02251/775901, www.cafe-alter-markt.de

Infos

Rathaus Euskirchen – Tourismusbüro,
Kölner Straße 75, 53879 Euskirchen, Tel. 02251/14226, Fax 1458226.

Geschichte der Kirche

Die auf einem Hügel im Dorf stehende Kirche wurde möglicherweise auf den Fundamenten eines römischen Heiligtums errichtet. Wann das gewesen sein könnte, ist unklar. Beim Bau des heutigen Turms stieß man jedenfalls in einer Tiefe von 2 m auf römische Fundamente. Zwar wird die heutige Kirche bereits um 1300 urkundlich erwähnt, doch kann die Baugeschichte bis ins 11. Jahrhundert zurückverfolgt werden, als die Kirche zunächst die Form einer romanischen Basilika hatte. Ihre heutige Form und Erscheinungsbild erhielt sie in der ersten Hälfte des 15. Jahrhunderts.

Die Pfarrkirche Kreuzauffindung

Die Pfarrkirche Elsig ist eine der kostbarsten dörflichen Kirchen der Eifel, aber auch leider eine außerordentlich bedrohte Kostbarkeit.

Immer wieder hatte man bei dieser Kirche mit Rissen zu kämpfen, derer man trotz aller Maßnahmen selbst in den letzten Jahrzehnten nicht Herr werden konnte. Bereits im 16. Jahrhundert stand ein eventueller Abriss der Kirche zur Diskussion. Ursache dürfte der tonige Boden sein, auf dem die Kirche steht, und der ständig in Bewegung ist. Bei Nässe dehnt er sich aus, bei Trockenheit schrumpft er. Ein für die Kirche unter diesen Umständen tödliches Übel ist wahrscheinlich auch eine Absenkung des Grundwasserspiegels durch nahe gelegene Tagebaumaßnahmen.

Das Patrozinium

Das Fest der Kreuzauffindung durch die heilige Helena, die Mutter Kaiser Konstantins (Kaiser von 306-337), im Jahre 325 wird in der orthodoxen Kirche heute noch am 6. März oder am 7. Mai gefeiert. Die katholische Kirche beging dieses Fest am 3. Mai. Als Folge der Neuordnung des liturgischen Kalenders durch das *Motu Proprio Rubricarum Instrumentum* des Papstes Johannes XXIII. (Papst von 1958-1963) wird das Fest in der katholischen Kirche nicht mehr begangen. Es war früher für das bäuerliche Leben ein wichtiges Fest, wurde doch ab seinem Datum der Wettersegen gespendet.

Das Kircheninnere

Das Innere der Kirche zeigt sich rein architektonisch als der gotische Kirchenbau, wie er durch die Umgestaltung im 15. Jahrhundert entstanden ist. Abgesehen von der für die hiesige Gegend einzigartigen Ausmalung

Kanzel aus dem 17. Jahrhundert

und den gotischen Flügelaltar (s. unten „Die bunte Kirche“) fehlen auffallende Ausstattungsgegenstände. Zu erwähnen wäre lediglich eine relativ kleine, aber recht ansprechende Kanzel aus dem 17. Jahrhundert vorne rechts im Mittelschiff.

„Die bunte Kirche“

Betritt man das Kirchenschiff, wird der Blick gleich von zwei Sehenswürdigkeiten gefangen. Man weiß nicht so recht, welcher man sich zunächst zuwenden soll. Vielleicht dem im nördlichen, dem linken Seitenschiff stehenden, sogenannten *Kreuzaltar*?

Kreuzaltar, Auferstehung der Gerechten

Ursprünglich hat dieser Altar im südlichen Chor gestanden, doch hat man ihn später versetzt, um ihn vor der direkten Sonneneinstrahlung zu schützen. Wer diesen Altar wann gemalt hat, ist ebenso unbekannt wie der Auftraggeber. Man schätzt die Entstehungszeit auf etwa 1490. Kunsthistoriker weisen darauf hin, dass die Tafelbilder dieses Altars starke Anklänge an die unter niederländischem Einfluss stehende Kölner Tafelmalerei zeigen.

Das innere Mittelfeld zeigt die Kreuzigung auf Golgatha mit der Muttergottes und Johannes sowie drei weiteren Frauen (Darunter vielleicht Maria Magdalena?). Rechts neben dem Kreuz kniet offensichtlich der unbekannte Stifter im Pelzmantel. In der Zeit der Gotik war es durchaus üblich, dass sich der Stifter eines Kunstwerks in markanter Position darstellen ließ. Da diese Person durch ihre Bekleidung, aber auch durch die für Stifterdarstellungen typische kniende Haltung aus dem Rahmen der übrigen dargestellten Personen herausfällt, kann es sich nur um den Stifter handeln.

Kreuzaltar, Kreuzigung auf Golgatha

Kreuzaltar, Christus erscheint Maria Magdalena.

Im 17. Jahrhundert wurde das Bild teilweise übermalt, wobei man der Stifterfigur eine Lanze in die Hände gab. Damit machte man aus ihr einen heiligen Longinus. Dieser war nach dem apokryphen Nikodemusevangelium der römische Soldatenhauptmann unter dem Kreuz, der Christus die Lanze in die Seite stieß und das Bekenntnis ablegte: „Dieser war in Wahrheit Gottes Sohn" (Matthäus 27, 54). Christ geworden, soll er demnach den Märtyrertod erlitten haben. Sein Gedenktag ist der 16. Oktober.

Die beiden Seitenflügel zeigen in jeweils vier Feldern links Szenen aus der Passion, rechts die Grablegung, die Auferstehung, Christus erscheint den Frauen und die Erlösung der Gerechten. Auf den Außenseiten zeigen sie in Grisaillenmalerei die Dreifaltigkeit in Form des *Gnadenstuhls* und die Krönung Mariens. Über der Mitteltafel ist Jesus vor Pilatus zu sehen.

Noch auffallender als dieser Altar ist jedoch die Ausmalung, die der Elsiger Kirche den Beinamen „Bunte Kirche" eingetragen hat. Der älteste Teil dieser Fresken, die allesamt erst 1954/55 entdeckt und soweit wie möglich restauriert wurden, befindet sich im Chor, wobei die ältesten um 1400 entstanden sein dürften. Eine wahrscheinlich recht unsachgemäße Freilegung mit Hämmern und Spachteln hat ihnen wie den anderen Malereien in der Kirche sehr zugesetzt, und es ist nicht überall gelungen, die Schäden zu beheben. Zuletzt hat man das 1997/98 mit nur mäßigem Erfolg versucht.

Apostelfresken im Chor

Im Gewölbe des Chors sind dargestellt der sogenannte *Gnadenstuhl*, eine spezielle Darstellung der Dreifaltigkeit, sowie die vier Evangelisten. Vielfach sind die Darstellungen nur noch zu erahnen. An den Wänden des Chors sind die 12 Apostel zu sehen, oder besser waren zu sehen, denn zwei Apostel sind Baumaßnahmen zum Opfer gefallen.

Der sogenannte Gnadenstuhl im Gewölbe des Chors

Die Gemälde im Gewölbe des Mittelschiffs sind besser erhalten. Die Malereien stammen aus dem Anfang des 16. Jahrhunderts und zeigen die Sieben Schmerzen Mariens. Etwa aus der gleichen Zeit stammen die Fresken an den Seitenwänden. Auf der linken Wand sieht man das Martyrium des heiligen Sebastian, die heiligen Antonius und Quirinus und die Beweinung Christi. Rechts sind zu erkennen die heiligen Hubertus und Cornelius, sowie die heilige Barbara und Margaretha. Die vier Heiligen Antonius, Cornelius, Hubertus und Quirinus sind die sogenannten *Heiligen* oder *Kölner Marschälle*, Schutzpatrone des Erzstiftes Köln. Man begegnet ihnen in vielen Eifeler Kirchen.

Die sieben Schmerzen Mariens

Die Fresken in der Kirche zu Elsig sind bereits 1870 bei Malerarbeiten zum Teil freigelegt worden. Doch hat man damals ihren kunsthistorischen Wert nicht erkannt und sie wieder überpinselt.

Frauenberg, Pfarrkirche St. Georg

Frauenberg, PLZ 53881, ist ein Stadtteil von Euskirchen im Kreis Euskirchen und liegt zwischen Euskirchen und Zülpich.

Entfernungen

- Von Aachen 54 km über die A 4 Richtung Köln bis Düren, B 56 Richtung Zülpich bis Zülpich, L 61 nach Frauenberg.
- Von Köln 40 km über die B 51 Richtung Brühl, A 1 Richtung Euskirchen bis Euskirchen, L 264 nach Frauenberg.
- Von Bonn 58 km über die B 56 über Euskirchen bis Autobahnanschlussstelle Euskirchen, weiter L 264 nach Frauenberg.
- Von Koblenz 101 km über die B 9 Richtung Bonn bis AK Koblenz, A 61 Richtung Köln bis Kreuz Bliesheim, A 1 Richtung Trier bis Doppelanschluss Euskirchen, L 264 nach Frauenberg.
- Von Trier 130 km über die B 51 Richtung Aachen bis Bitburg, A 60 Richtung Lüttich bis Prüm, B 51 Richtung Köln bis Anschluss A 1 Richtung Köln, bis Doppelanschlussstelle Euskirchen, L 264 nach Frauenberg.

Zugangsmöglichkeit

Die Kirche ist in der Regel verschlossen. Den Schlüssel hat die Küsterin, Frau Freund, Tel. 0 22 51 / 62 53 54, oder der Pfarrer im Pfarrhaus gleich neben der Kirche.

Einkehrmöglichkeit

Café Alter Markt, Marktplatz 10, 53879 Euskirchen, Tel. 0 22 51 / 77 59 01, www.cafe-alter-markt.de

Infos

Rathaus Euskirchen – Tourismusbüro,
Kölner Straße 75, 53879 Euskirchen Tel. 0 22 51 / 1 42 26, Fax 1 45 82 26.

Die Kirche

Die Pfarrkirche St. Georg

Die auf einem markanten Hügel inmitten der weithin flachen Landschaft stehende Frauenberger Pfarrkirche St. Georg ist alt, sehr alt wahrscheinlich. Immerhin wird der Ort bereits 899 erstmals erwähnt und zwar unter dem Namen „heilige Frau Maria auf dem Berche", und es wird von einem wundertätigen Marienbild in der Kirche berichtet, das damals schon Ziel vieler Wallfahrer war.

Wahrscheinlich ist diese erste, urkundlich nicht bestätigte Kirche, im romanischen Bau der heutigen Kirche aufgegangen. 1067 gibt es die erste urkundliche Erwähnung. Damals gliederte der Kölner Erzbischof Anno II. die Kirche dem Kölner Stift St. Georg an, wobei die Kirche das Patrozinium St. Georg bekam. Von der Muttergottes also zu einem Ritterheiligen.

Noch im Jahre 1300 wird der Ortsname „Berge beate Mariae" für das heutige Frauenberg im *Liber valoris*, dem ältesten Verzeichnis der Pfarrkirchen im Erzbistum Köln, verwendet.

Die Kirche gehört wegen ihrer Architektur wie auch von ihrer Ausstattung her zu den wertvollsten Dorfkirchen der Eifel. Die ursprüngliche

Kirche, so wird von den Fachleuten angenommen, war eine einschiffige, flach gedeckte, kleine Kirche. Auf den oberen Wandteilen des heutigen Mittelschiffs sind noch vermauerte Fensteröffnungen von einst zu erkennen. Mehrmals im Laufe des Mittelalters wurde die Kirche umgebaut und verändert. Im 15. Jahrhundert ersetzte man das romanische nördliche Seitenschiff durch ein gotisches Seitenschiff. Es ist heute der Hauptraum der Kirche.

Als Folge der zahlreichen Um- und Anbauten im Laufe der Jahrhunderte präsentiert sich die Kirche, die innerhalb des heute noch bestehenden Friedhofs liegt, als ein unregelmäßiger dreischiffiger Bruchsteinbau mit Chorabschluss an jedem Schiff und einem im Westen vorgesetzten fünfgeschossigen Turm. Das Untergeschoss dieses Turms stammt noch von der ersten Kirche.

Das Patrozinium

Zum Georgspatrozinium siehe unter Polch, St. Georgskapelle, im Abschnitt „Kirchen auf dem Maifeld“ in diesem Buch.

Innenausstattung

Manchmal haben Kriegsschäden auch ihr Gutes, so in Frauenberg. Wäre man nicht gezwungen gewesen, 1954/55 Kriegsschäden an der Kirche zu beheben, hätte man möglicherweise die wertvollen Wand- und Deckenmalereien nicht entdeckt. Sie hatten jahrhundertelang unter einer schützenden Kalkschicht gelegen. Die Übertünchung und Unsichtbarmachung war in extremen Notzeiten, wie den großen Pestepidemien oder den Drangsalierungen im Dreißigjährigen Krieg (1618-1648), vielfach gängige Praxis. Die Menschen sollten in solchen Notzeiten beim Gottesdienstbesuch nicht von bunten Bilder abgelenkt werden, mochten diese auch noch so sehr für die des Lesens und Schreibens unkundigen Menschen der damaligen Zeit so etwas wie eine Bilderbibel gewesen sein. Die Gläubigen sollten einfach nur beten, beten und nochmals beten. So kam es dann dazu, dass hier wie in so vielen Kirchen die alte Ausmalung in Vergessenheit geriet.

Nachdem die Malereien 1954/55 zunächst konservatorisch behandelt worden waren, hat man sie dann 1997/98 fachgerecht restauriert.

Das Deckenfresko im Nordchor zeigt das Weltgericht mit Christus als Weltenrichter.

Die ältesten Malereien stammen möglicherweise noch aus der Zeit der Erbauung der Kirche. Sie zeigen im Nordchor das Weltgericht mit Christus als Weltenrichter, dargestellt mit Schwert und Lilie auf dem doppelten Regenbogen. Zu seinen beiden Seiten flehen Maria, seine Mutter, und Johannes um Gnade für die Menschen. Auf der einen Seite erwartet Petrus mit Engeln die Seligen, während auf der anderen Seite der Höllenschlund die Verdammten verschlingt.

Sehr schöne Ausmalungen schmücken die Gewölbe der Kirchenschiffe. Sie sind etwa Anfang des 16. Jahrhunderts entstanden und zeigen einheimische Pflanzen und Blumen. Gleich zweimal finden sich in dieser Kirche die

Darstellungen der Kölner Marschälle. Während im südlichen Seitenschiff nur drei von ihnen allerdings zusammen mit einem heiligen Bartholomäus dargestellt sind, findet man sie im nördlichen Seitenschiff wieder alle vier.

Die zweifache Darstellung ist wohl ein Beweis dafür, wie sehr die nur im Kölner Erzbistum stark verehrten Heiligen bei den Menschen verankert waren. Sie waren eine Art spezieller Notfeuerwehr, an die man sich in ganz besonders dringenden oder schwierigen Notfällen um Hilfe flehend wandte. Die vier galten als besonders zuverlässige Helfer für Mensch und Vieh.

Gewölbemalerei

Zwei Kunstwerke sind noch hervorzuheben. Da ist einmal das noch vorzüglich in seiner Farbfassung erhaltene Kruzifix über dem Altar hinter dem Taufbecken. Es entstand um 1160 in Köln.

Zum anderen ist es das Taufbecken selbst, das ebenfalls im 12. Jahrhundert aus Namurer Blaustein gefertigt wurde.

Das rechte Seitenschiff mit dem Kruzifix und dem Taufbecken

Die Heilige Sippe

Das herausragende Kunstwerk unter den Ausstattungsstücken in der Kirche ist das Triptychon hinter dem Hauptaltar.

Dieser Flügelaltar gehört zu den großen Meisterwerken, die in der allerdings stark von den Niederlanden beeinflussten Kölner Schule entstanden sind. Geschaffen wurde der Altar im Jahre 1477 als Stiftung von Johann von Hompesch und seiner Ehefrau Katharina von Geisbusch anlässlich ihrer Hochzeit. Der Name des Künstlers ist nicht bekannt, als Schöpfer wird nur der Kölner Meister der Ursulalegende genannt. Eines seiner Hauptwerke ist die mehrteilige Darstellung der Legende der heiligen Ursula, die zu seinen Hauptwerken zählt. Daher sein Name. Er ist für die Zeit zwischen 1480/90 und 1510/15 in Köln nachgewiesen.

Die Flügel zeigen außen die Kreuzigung und die Beweinung Christi. Auf den Innenseiten sind die Verkündigung an Maria und die Anbetung durch die drei Weisen zu sehen. Das wichtigste Stück dieses Altars ist jedoch das Mittelstück im geöffneten Zustand, die Darstellung der Hl. Sippe, der Verwandtschaft Christi, in einer prächtigen Versammlung.

Dieses Thema, das zuerst um 1300 gemalt, später auch in Schnitzaltären dargestellt wurde, geht auf die legendäre Überlieferung zurück, dass Anna, die Mutter Mariens, dreimal verheiratet war. Aus jeder Ehe habe sie Kinder gehabt. Die Darstellungen, deren berühmteste wohl auf Lukas Cranach d. Ä. um 1509 zurückgeht, zeigt im Mittelpunkt um die Gruppe der Anna Selbdritt (Anna, Maria und das Christuskind) die zugehörigen Männer und Kinder mit ihren Attributen.

Nach dieser Überlieferung, die in den heiligen Schriften keine Begründung findet, stammte Maria, die Mutter Jesu, aus Annas Ehe mit Joachim. Der zweiten Ehe mit Kleophas entstammte Maria des Kleophas, deren Kinder gemäß der Aufzählung der Brüder Jesu bei Matthäus

13,55, Jakobus der Jüngere, Joseph Barsabbas, Simon der Zelote und Judas Thaddäus waren.

In der dritten Ehe, die Anna mit Salomas eingegangen war, wurde Maria Salome geboren, die Mutter der Apostel Johannes des Evangelisten und Jakobus d. Ä.

Das Triptychon im Chor mit Darstellung der hl. Sippe

Zur weiter gefassten Heiligen Sippe gehört Annas Schwester Esmeria, die mit Ephraim verheiratet, Mutter jener Base Elisabeth wurde, die Maria während der Schwangerschaft besuchte. Diese Verwandtschaft erwähnt Lukas in 1,36. Elisabeth wurde die Mutter Johannes des Täufers und nun wird diese Legende geradezu abenteuerlich, denn danach war Elisabeth die Großtante des heiligen Servatius (der als Eisheiliger keinen guten Ruf hat). Servatius war der erste, möglicherweise aber auch erst der zweite Bischof von Tongeren-Maastricht. Jesus hatte also, wie man sieht, eine ziemlich weitläufige Verwandtschaft, eben die Heilige Sippe.

Man nimmt an, dass diese Überlieferung als Hintergrund die Jungfräulichkeit Mariens hatte, wonach Maria außer Jesus keine anderen Kinder hatte, Matthäus aber die Brüder Jesu aufzählt. Im Laufe des 17. Jahrhunderts kam diese Überlieferung und damit auch die Darstellung des Themas allmählich aus der Mode.

Vulkaneifel

Kerpen | Niederkyll | Steinborn

Kerpen, Burgkapelle St. Stephan und St. Sebastian

Lage

Kerpen, PLZ 54578, liegt in der Vulkaneifel in der Nähe von Hillesheim im Vulkaneifelkreis Daun.

Entfernungen

- Von Aachen 127 km über die B 258 Richtung Koblenz bis Ahrdorf, rechts ab Richtung Gerolstein über Üxheim nach Kerpen.
- Von Köln 90 km über die A 1 Richtung Trier bis Blankenheim, B 258 Richtung Koblenz bis Ahrdorf, rechts ab über Üxheim nach Kerpen.
- Von Bonn 69 km über die A 565 Richtung Altenahr bis Kreuz Meckenheim, B 257 Richtung Kelberg bis Nürburgring, B 258 Richtung Aachen bis Ahrdorf, links ab über Üxheim nach Kerpen.
- Von Koblenz 89 km über die B 258 Richtung Aachen bis Ahrdorf, links ab über Üxdorf nach Kerpen.
- Von Trier 88 km über die A 605 Richtung Koblenz bis Dreieck Mosel, A 48 Richtung Koblenz bis Ausfahrt Daun-Mehren, B 421 Richtung Hillesheim, von Hillesheim rechts ab nach Kerpen.

Zugangsmöglichkeit

Die Kirche ist außerhalb der Gottesdienste in der Regel geschlossen. Den Schlüssel hat Frau Mayer in Kerpen, Tel. 06593/989497.

Einkehrmöglichkeit

Kerpen ist ein sehr kleiner Ort, und die dortige Gastronomie ist nur unregelmäßig geöffnet. Als Einkehrmöglichkeit wird daher empfohlen *Gastronomics Der Teller*, Koblenzer Straße 5, 54576 Hillesheim, Tel. 06593/667,

Fax 0 65 93 / 12 22, E-Mail: bs@derteller.de, www.derteller.de, 5 km von Kerpen entfernt.

Infos

Urlaubsregion Hillesheim/Vulkaneifel e.V., Graf-Mirbach-Straße 2, 54576 Hillesheim, Tel. 0 65 93 / 80 92 00, Fax 0 65 93 / 80 92 01, E-Mail: touristik@hillesheim.de, Website: www.hillesheim.de

Geschichte

„Burgkapelle wurde zur Pfarrkirche“, so könnte man mit wenigen Worten die Geschichte dieser kleinen Kirche skizzieren, die zu den schönsten und eindrucksvollsten Dorfkirchen der Eifel gehört.

Die Geschichte der ehemaligen Burgkapelle, die von Anfang an auch Dorfkirche war, hängt eng mit der Geschichte der Burg Kerpen zusammen. Angeblich hatten die Burgherren von Kerpen schon im 13. Jahrhundert die Möglichkeit, Gottesdienste zu besuchen. Seit 1234 sind Namen von Burgkaplänen bekannt. In einer Aufzeichnung von 1496 ist von einem

Die Burgkapelle St. Stephan und St. Sebastian

Priester der „Vorburgkapelle“ die Rede. Ob und wann es möglicherweise schon eine solche Vorburgkapelle als Vorgängerkapelle gegeben hat oder ob die Burgherrschaft bis zum Bau der heutigen Kapelle den Gottesdienst in der 2 km entfernten Klosterkirche Niederehe (s. das Buch des Verfassers *Die schönsten Kirchen der Eifel*, erschienen im Verlag Meyer & Meyer) besuchte, ist unklar.

Im 16. Jahrhundert waren die Grafen von Manderscheid Herren auf Burg Kerpen. Graf Dietrich IV. von Manderscheid und seine Frau Margarete von Sombreff ließen 1506 die heute noch bestehende Kapelle errichten, die von Anfang an Burgkapelle, also Gotteshaus für die Burgbewohner und Dorfkirche für die Ortsbevölkerung war.

Der für den Bau zur Verfügung stehende Platz war nicht üppig, die Kapelle schmiegt sich an den Burgfelsen zu Füßen der Burg Kerpen so unmittelbar an, dass man die Kirche nicht umrunden kann.

Während im Verlauf der berüchtigten Réunionskriege 1689 die Burg selbst zerstört wurde, kam die Kapelle heil über diese Zeit. Alle Aufrufe der Herzöge von Aremberg, die seit 1674 Herren von Kerpen waren, zur tatkräftigen Mithilfe beim Wiederaufbau, waren vergebens. Nach der Besetzung des Rheinlands durch die Franzosen ersteigerte die Gemeinde die Ruine. 1911 erwarb sie der „Eifelmaler“ Fritz von Wille, der sie so weit wieder aufbauen ließ, dass er darin bis zu seinem Tod leben konnte.

Von Anfang an war die Burgkapelle in Kerpen nicht Mittelpunkt einer eigenen Pfarrei. Kerpen war und ist bis heute nur eine Filiale von Niederehe. Die sonntäglichen Messen waren ein Privileg, das erst 1703 verbrieft wurde und zunächst von der zuständigen Erzdiözese Köln, dann von Trier bis heute anerkannt ist. Doch für alle kirchlichen Amtshandlungen, Taufen, Trauungen, Begräbnisse ist der Pfarrer in Niederehe zuständig.

Das Patrozinium

Die Kerpener Burgkapelle hat ein Doppelpatrozinium. Patrone sind der heilige Stephan und der heilige Sebastian.

Stephanus, dessen Fest am 26. Dezember gefeiert wird, wurde mit sechs anderen von den Aposteln zu Jerusalem zum Diakon geweiht. Zahlreiche Wunder sollen seine Verkündigung des Evangeliums unterstützt haben. Das zog ihm den Hass der orthodoxen Juden zu. Vor dem Hohen Rat wurde er angeklagt, hielt dort eine flammende Verteidigungsrede. Trotzdem wurde er zum Tode verurteilt und gesteinigt. Im Mittelalter gehörte Stephanus in Deutschland zu den am meisten verehrten Märtyrern. Er wird immer mit einem Buch als Hinweis auf die Verkündigung des Evangeliums und mit einer Palme als Zeichen seines Märtyrertodes dargestellt.

Sebastianus, dessen Fest am 20. Januar gefeiert wird, genoss bereits im vierten Jahrhundert eine sehr intensive Verehrung. Nach der Legende gehörte er als Offizier zur Leibwache des römischen Kaisers Diokletian. Als Christ wurde er verklagt und auf Geheiß Diokletians mit Pfeilen erschossen, als er sich weigerte, seinem christlichen Glauben abzuschwören.

Auf der Richtstätte hielt man ihn für tot, doch kam er wieder zu sich und wurde von einer christlichen Witwe gesund gepflegt. Bei einer zufälligen Begegnung mit Diokletian stellte er den Kaiser wegen der Christenverfolgungen zur Rede. Daraufhin ließ der Kaiser ihn mit Keulen erschlagen. Sein Leichnam wurde in die Cloaca maxima geworfen, durch eine Christin namens Lucina herausgeholt und in den Katakomben an der Stelle begraben, an der heute die Kirche St. Sebastianus steht.

Der heilige Sebastian, der immer als von Pfeilen durchbohrt oder doch mit einem Bündel Pfeilen in der Hand dargestellt wird, genießt heute noch im Rahmen der nach ihm benannten Schützenbruderschaften große Verehrung.

Das Kircheninnere

Dietrich IV. von Manderscheid ließ seinerzeit die Burgkapelle in Kerpen als Einstützenkirche errichten. Typisch Manderscheid, möchte man sagen. Es ist tatsächlich so, dass eine Einstützenkirche in einem Eifeldorf fast immer damit zusammenhängt, dass der Ort früher einmal zum Herrschaftsgebiet der mächtigen Grafen von Manderscheid gehört hat. Das hat im Grunde einen persönlichen Hintergrund.

Die Kapelle schmiegt sich an den Burgfelsen zu Füßen der Burg Kerpen so unmittelbar an, dass man die Kirche nicht umrunden kann.

Einstützenkirchen sind Kirchen, in denen das gesamte Gewölbe von einer Mittelsäule, der Stütze, getragen wird und die Gewölberippen am Ende der Stütze wie die Zweige eines Baumes nach allen Seiten sich ausbreiten. Die Einstützenkirche war im Mittelalter vor allem in Süddeutschland, Österreich und Böhmen verbreitet. Eines der schönsten Beispiele einer solchen Einstützenkirche ist der gewaltige Chor der Franziskanerkirche in Salzburg. Dort sah der Kardinal Nikolaus Cusanus (1401-1464) eine solche Architektur zum ersten Mal und wandte das Prinzip der Einstützenkirche dann in der von ihm gebauten Kirche des Cusanusstifts in Bernkastel-Cues an. Der Kardinal war mit dem Grafen Dietrich III. von Manderscheid (1457-1488) befreundet. Über diese Linie lernten die Manderscheider, eines der mächtigsten Geschlechter der Eifel, diesen Bautyp kennen und verwandten ihn immer öfter bei den von ihnen gebauten Kirchen.

Das kleine Kirchenschiff der Burgkapelle ist ganz vom Barockstil beherrscht und lässt erkennen, dass die hier tätig gewesenen Steinmetze Meister ihres Fachs gewesen sind. Die runde Mittelsäule teilt die kleine Halle in zwei Schiffe. Sie steht auf einem sechseckigen Sockel, an dem ein steinernes Weihwasserbecken, von einem Wappenhalter getragen, angebracht ist. Die Schlusssteine im Gewölbe sind mit bildlichen Darstellungen versehen wie Lamm, Wappen oder Kreis. Drei in ihren Maßwerkverzierungen unterschiedlich gestaltete Fenster lassen Licht ins Kircheninnere.

Eindrucksvollster Teil der Kapelle ist der Chor mit seinem reichen Sternengewölbe.

Der mittlere Schlussstein ist besonders sehenswert. Er trägt eine Darstellung der Himmelskönigin in einem blauen Mantel, auf der Mondsichel sitzend. Auf ihrem Schoß hält sie das Jesuskind. In der Barockzeit, 1791, wurde der heutige Hochaltar angeschafft, der in seiner Mittelnische ein

Ölgemälde mit der Darstellung der Heiligen Familie trägt. Es stammt noch vom Vorgängeraltar.

Die im Chor befindliche vergoldete Kanzel ist ein 1798 entstandenes Rokokowerk.

Die beiden Seitenaltäre sind den Kirchenpatronen geweiht und zeigen deren Martyrium. Auf dem Sebastianusaltar sieht man zwei Reliquienschreine, über deren Alter, Herkunft und Inhalt jedoch nichts Näheres bekannt ist.

St. Sebastian bescherte dem Ort einen Vieh- und Krammarkt.

Das Kopatronat des heiligen Sebastian bei dieser Kirche hat für die Geschichte von Kerpen eine besondere Rolle gespielt.

1682 wurde auf Betreiben der soeben gegründeten St. Sebastianus-Schützenbruderschaft in Kerpen ein Kram- und Viehmarkt gegründet, zu dem Kaiser Leopold I. (Kaiser von 1658-1705) 1666 „dem Stättlein Kerpen" das entsprechende Recht verlieh. Zwei Tage im Jahr durfte dieser Markt abgehalten werden, der alsbald eine solche Bedeutung gewann, dass er sogar Besucher aus Bayern und Tirol in die Eifel lockte. Alle Markthändler, sogar Juden (das war damals etwas geradezu Ungeheuerliches), ließen sich als Mitglieder der Bruderschaft eintragen. Und für alle, auch die jüdischen Händler, begannen die Markttage grundsätzlich mit einer Messe in der Burgkapelle.

1858 wurde der Markt ins nahe Hillesheim verlegt. Hier erhielt vor allem der alle drei Wochen stattfindende Viehmarkt eine geradezu legendäre Bedeutung. Er zog die Schaulustigen von weit her an. Dieser zuletzt größte Viehmarkt der Eifel fiel Anfang dieses Jahrhunderts den seuchenpolizeilichen Vorschriften im Rahmen der BSE-Seuche zum Opfer und wurde nicht wieder belebt.

Niederkyll, Pfarrkirche St. Hubertus

Lage

Niederkyll, PLZ 54589, ist ein Ortsteil von Stadtkyll in der Verbandsgemeinde Oberes Kylltal und gehört zum Vulkaneifelkreis Daun.

Entfernungen

- Von Aachen 125 km über die B 258 Richtung Koblenz bis Blankenheim, B 51 Richtung Trier bis Niederkyll.
- Von Köln 87 km über die A 1 Richtung Trier bis Blankenheim, B 51 Richtung Trier bis Niederkyll.
- Von Bonn 89 km über die B 56 Richtung Euskirchen bis zur A 1, Richtung Trier bis Blankenheim, B 51 Richtung Trier bis Niederkyll.
- Von Koblenz 87 km über die B 258 bis Blankenheim, B 51 Richtung Trier bis Niederkyll.
- Von Trier 84 km über die A 602 Richtung Koblenz bis Dreieck Mosel, A 60 Richtung Lüttich bis Prüm, B 51 Richtung Köln bis Niederkyll.

Zugangsmöglichkeit

Die Kirche ist grundsätzlich verschlossen. Den Schlüssel hat Frau König, Niederkyll, Haus Nr. 4, Tel. 02695 / 931021.

Einkehrmöglichkeit

Diverse Lokale in Stadtkyll.

Infos

Touristinformation Oberes Kylltal, Burgberg 22, 54589 Stadtkyll, Tel. 06597 / 2878; Fax 4871, E-Mail: touristinfo.obereskylltal@t-online.de; Website: www.eifeler-quellendreieck.de

Geschichte

Früher sollen die Kinder im oberen Kylltal einen Spottvers gesungen haben: „Niederkyll, die kleine Stadt, die nur sieben Häuser hat." Tatsächlich aber hat dieser Weiler in den Hängen oberhalb der Kyll nahe Stadtkyll eine beachtliche Vergangenheit. Der kleine Ort soll auf eine römische Siedlung zurückgehen. Das wäre durchaus möglich, denn ganz in der Nähe ging eine Römerstraße vorbei, die, von Blankenheim kommend, nach Jünkerath führte. Wohin sie dann weiterlief, ist umstritten.

Angeblicher Römerkopf in der Außenmauer

Tatsache ist jedenfalls, dass in die Außenmauer des Chors der Hubertuskirche, oder eigentlich ist es tatsächlich nur eine Kapelle, eine römische Büste eingemauert ist. Es handelt sich um Kopf und Brust einer männlichen Gestalt, die wahrscheinlich von einem großen römischen Grabstein stammt. Für die Bevölkerung war diese Büste viele Jahre lang eine Büste entweder des römischen Hauptgottes Jupiter oder des Kriegsgottes Mars. Die Historiker weisen jedoch darauf hin, dass Jupiter immer mit Bart und Mars immer mit Helm, oder doch zumindest mit Rüstung, dargestellt wird. Die Büste fällt allerdings nicht sofort auf, da sie auf Geheiß eines früheren Pfarrers als „heidnisches Zeug" mit dem gesamten Mauerwerk weiß übertüncht ist. Tatsächlich ist bis heute nicht zweifelsfrei erwiesen, dass diese Büste überhaupt römischen Ursprungs ist.

Die kleine, dem heiligen Hubertus geweihte, spätgotische Kirche wurde um 1600 gebaut. Ob an ihrer Stelle vorher schon eine Kirche gestanden hat, lässt sich nicht mehr belegen. Der Überlieferung nach soll das aber so gewesen sein. Und diese ältere Kirche habe eine ganz andere

Bedeutung gehabt als später die heutige Kirche. Sie soll nämlich die Mutterkirche des Stadtkyller Landes und damit Pfarrkirche für mehrere kleine Ortschaften gewesen sein, wie es damals auch Stadtkyll gewesen sein muss, ehe es 1508 eine Stadtmauer, Marktrechte und eine eigene Pfarrkirche erhielt.

Dafür, dass Niederkyll einmal die Pfarrkirche gewesen sei, wird unter anderem als Begründung auch darauf verwiesen, dass sich bei der Kirche St. Hubertus in Niederkyll ein kleiner Friedhof befindet, auf dem bei Grabungen viele alte Gräber gefunden wurden. Begraben werden durfte aber nur bei einer Pfarrkirche.

Die Pfarrkirche St. Hubertus

Das Patrozinium

Die Kirche oder Kapelle von Niederkyll ist dem heiligen Hubertus geweiht, der gemeinhin als Schutzpatron der Jäger verehrt wird. Doch damit tut man diesem Heiligen unrecht. Weithin bekannt ist die Geschichte von der Bekehrung des leidenschaftlichen Jägers Hubertus, eines aus hohem fränkischen Adel stammenden Prinzen, der etwa von 655 bis 727 gelebt hat. Als er am Karfreitag auf die Jagd ging und einen Hirsch erlegen wollte, erschien ihm der Hirsch mit dem leuchtenden Kreuz im Geweih. Hubertus erkannte, welchen Frevel er begangen hatte, am Karfreitag auf die

Jagd zu gehen und bekehrte sich. Soweit die vor allem von der Jägerschaft gepflegte volkstümliche Legende. Sie ist allerdings eine erst seit dem 15. Jahrhundert in die Lebensgeschichte des Heiligen aufgenommene Version, die nachweislich seit dem achten Jahrhundert in der *Vita* des heiligen Eustachius († 118 n. Chr.) enthalten ist und in die Hubertuslegende übernommen wurde.

St. Hubertus

Der historische Hubertus (655-727), dessen Festtag der 3. November ist, entstammte einem vornehmen aquitanischen Adelsgeschlecht. Nach dem Tode seiner Frau, der Tochter des Grafen von Lüttich, zog er sich sieben Jahre in die Waldeinsamkeit der Ardennen zurück und lebte dort als Einsiedler, dann wurde er Priester und pilgerte 702 nach Rom. Ein Jahr später, 703, wurde er Nachfolger des ermordeten Bischofs Lambertus, Bischof von Maastricht. 708 verlegte er den Bischofssitz von Maastricht nach Lüttich, um näher an den Ardennen zu sein. Er hatte sich vorgenommen, das Heidentum in diesem Waldbergland auszurotten, was ihm auch den Beinamen „Apostel der Ardennen" eingetragen hat. 727 starb der Heilige, wurde zunächst in Lüttich begraben, dann 743 umgebettet in das Benediktinerkloster Andagium in den südlichen Ardennen. Der Ort erhielt später den bis heute gebliebenen Namen St. Hubert.

In der prächtigen Basilika, der einstigen Abteikirche, steht der prunkvolle Sarkophag des heiligen Hubertus. Er ist jedoch leer. Die Mönche der Abtei haben die Gebeine des Heiligen vor den Truppen der Französischen Revolution in Sicherheit gebracht. Dort sind sie heute noch, nur weiß niemand, wo das ist!

Die Basilika über dem Grabe des Heiligen ist bis heute ein wichtiges Wallfahrtsziel, zu dem auch aus der Eifel von verschiedenen Orten

Fußprozessionen ziehen. Wenn auch die Festmessen am 3. November ganz im Zeichen jagdlichen Brauchtums stehen und das Städtchen St. Hubert als die „Welthauptstadt“ der Jagd und der Jäger gilt, hatten und haben die Wallfahrten nichts mit dem „Jägerheiligen“ zu tun. Als solcher wird er erst seit dem 19. Jahrhundert verehrt. Im Mittelalter war der heilige Hubertus der wichtigste Heilige, dessen Hilfe gegen die Tollwut angerufen wurde, die bezeichnenderweise im Französischen Hubertus-Krankheit heißt. Für den Menschen war (und ist) die Tollwut eine tödliche Krankheit.

Die Vielzahl der Hubertuskirchen in der Eifel ist ein Zeichen für die besondere Wertschätzung, die dieser Heilige in unserem Bergland früher genoss.

Das Kircheninnere

Was beim Eintreten in die kleine Kirche sofort auffällt, ist ein mächtiger, achteckiger, hölzerner Stützbalken, der die flache Decke des Kirchenschiffs trägt. St. Hubert in Niederkyll ist also im Grunde eine Einstützenkirche, deren zentrale Stütze nicht aus Stein gemauert ist, sondern aus Eichenholz besteht. Immerhin, diese hölzerne Stütze teilt den kleinen Kirchenraum in zwei Schiffe. Während die beiden Schiffe der Kapelle nur eine flache Decke haben, zeigt der Chor ein Kreuzgewölbe. 1990 fand man bei einer Restaurierung im Chor überstrichene Fresken, die die vier Evangelisten darstellen. Fast der

Der Chor mit Hochaltar und hölzerner Einstütze

gesamte Chor wird vom spätbarocken hölzernen Hochaltar von 1755 eingenommen.

Die beiden Nebenaltäre der kleinen Kirche sind aus Stein. Auf dem linken von ihnen steht eine eindrucksvolle Pietà aus dem 15. Jahrhundert, flankiert von der heiligen Elisabeth rechts und dem heiligen Erasmus links. Auf dem rechten Nebenaltar befindet sich eine Madonna mit Kind zwischen dem heiligen Isidor und der heiligen Barbara.

Die eindrucksvolle Pietà aus dem 15. Jahrhundert, flankiert von der heiligen Elisabeth rechts und dem heiligen Erasmus links.

Sogenanntes Nothelferkreuz

Eine besondere Kostbarkeit kann man noch im linken Teil des Chors sehen, ein gusseisernes Nothelferkreuz, das wahrscheinlich im 17. Jahrhundert in Eisenschmitt nahe Manderscheid gegossen wurde. Am Querbalken dieses Kreuzes sind sechs Einzelfiguren von häufig verehrten Nothelfern befestigt.

Steinborn, Filialkirche St. Lambertus

Lage

Steinborn, PLZ 54550, liegt in der Vulkaneifel und ist ein Stadtteil von Daun im Vulkaneifelkreis Daun.

Entfernungen

- Von Aachen 181 km über die B 258 Richtung Koblenz bis Blankenheim, B 51 Richtung Trier bis Stadtkyll, B 421 Richtung Daun bis Steinborn.
- Von Köln 143 km über die A 1 Richtung Trier bis Blankenheim, B 258 Richtung Koblenz bis Ahrhütte, rechts ab Richtung Hillesheim, von Hillesheim B 421 Richtung Daun nach Steinborn.
- Von Bonn 131 km über die A 565 Richtung Altenahr bis Kreuz Meckenheim, B 257 Richtung Cochem bis Kelberg, B 410 Richtung Gerolstein über Daun nach Steinborn.
- Von Koblenz 99 km über die A 48 Richtung Trier bis Ausfahrt Daun-Mehren, B 421 Richtung Hillesheim über Daun nach Steinborn.
- Von Trier 52 km über die A 605 Richtung Koblenz bis Dreieck Mosel, A 48 Richtung Koblenz bis Ausfahrt Daun-Mehren, B 421 Richtung Hillesheim über Daun nach Steinborn.

Zugangsmöglichkeit

Die Kirche ist ganztägig geöffnet und frei zugänglich. Weil eine besondere Kostbarkeit, eine Schreinmadonna, im Dunkeln unter der Empore steht, sollte man eine gute Taschenlampe dabeihaben.

Einkehrmöglichkeit

Das kleine Steinborn weist keine besondere Gastronomie auf. Um Speis und Trank genießen zu können, sollte man das nahe gelegene Daun ansteuern.

Infos

Touristinformation Daun, Leopoldstraße 5, 54550 Daun,
Tel. 06592 / 95130, Fax 951320, E-Mail: touristinfo@daun.de,
Website: www.tourismus.daun.de

Geschichte

St. Lambertus in Steinborn, einst Pfarrkirche einer großen Pfarrei mit mehreren Filialen, ist eine Kostbarkeit unter den Eifeler Dorfkirchen. Die in halber Höhe über dem Dorf mit seinen rund 300 Einwohnern an den Hang eines Vulkanbergs wie angeklebt erscheinende Kirche ist als Wahrzeichen von Steinborn weithin sichtbar.

Steinborn ist ein altes Dorf, das sicher aus der Zeit der fränkischen Siedlungen stammt. Berühmt ist das Dorf durch seinen Sauerbrunnen, der unterhalb der Kirche auf dem kleinen Dorfplatz sprudelt, ein untrügliches Zeichen dafür, dass tief im Erdinnern unter dem Ort immer noch vulkanische Kräfte tätig sind.

Wann Steinborn seine erste Kirche erhielt, ist unbekannt. Zwar wurde der Ort bereits in einer Urkunde von 1316 erstmals erwähnt, doch geht man davon aus, dass es bereits vor der Jahrtausendwende eine erste Kirche gegeben hat. Dass eine solche erste Kirche auf den Resten eines keltischen oder römischen Heiligtums errichtet wurde, wird zwar immer wieder behauptet, lässt sich aber nicht beweisen. Im Mittelalter war das bis 1802 zum Erzbistum Köln gehörende Steinborn eine große Pfarre, zu der 11 Filialen gehörten, darunter Neunkirchen, Neroth, Pützborn und Waldkönigen. Jahrhunderte hindurch hatte Steinborn einen fanatischen Rivalen in Form von Neunkirchen, wo man selbst gerne Pfarrei geworden wäre.

1513 machte der damalige Pfarrer von Steinborn einen entscheidenden Fehler: Er gliederte die Vikarie Neunkirchen in die Mutterpfarrei Steinborn ein, wohnte selbst jedoch im Pfarrhaus zu Neunkirchen. Man muss bedenken, dass es zu der Zeit noch keine Kirchensteuer gab, die zum Unterhalt der Pfarrer hätte dienen können. Die Pfarrer lebten von den Gebühren, die für Taufen, Hochzeiten oder Beerdigungen anfielen und von den Zehnten, die die Pfarrangehörigen zu entrichten hatten. Je größer also eine Pfarre war, umso höher waren die Einnahmen des Pfarrers.

Das änderte sich, als 1802 die französische Besatzung eine völlige Neuaufteilung der Bistümer, Dekanate und Pfarreien verordnete. Neunkirchen wurde eigene Pfarrei mit einem Pfarrer, Steinborn sank zur Filiale herab. Das hat damals viel böses Blut und heftige Auseinandersetzungen zwischen den Dörfern gegeben, zumal der Pfarrer in Neunkirchen wenig Interesse zeigte, seinen seelsorgerischen Pflichten in Steinborn nachzukommen. 1818 weigerte sich der Neunkirchener Pfarrer endgültig, in Steinborn eine Sonntagsmesse zu halten, mit der Begründung, der Dachstuhl der Kirche sei eingesunken, und ein Besuch in der Kirche sei für ihn zu gefährlich. Außerdem wollte er den Steinborner Gläubigen den Triumph nicht gönnen, wie er sich ausgedrückt haben soll, gegen seinen Willen ihre Wünsche nach einem Sonntagsgottesdienst durchgesetzt zu haben.

Erst 1912 wurde nach gründlicher Restaurierung der Kirche das Allerheiligste wieder in die Steinborner Kirche gebracht und seitdem wieder sonntags eine Messe zelebriert.

Die Kirche

Vom allerersten Kirchenbau in Steinborn, der möglicherweise bereits in der Karolingerzeit entstanden sein könnte, ist, wie gesagt, nichts bekannt. Von der ersten nachgewiesenen Kirche sind noch Reste zu sehen, die in der heutigen, im Stil einer Basilika erbauten Kirche verwendet wurden. Sie stammen aus dem Beginn des 13. Jahrhunderts. Zwar ist diese heutige Kirche im Innern ein frühgotisches Bauwerk, das jedoch von außen noch sehr von der Romanik geprägt ist.

Der heute 24 m hohe Turm dürfte im unteren Bereich aus dem 13. Jahrhundert stammen, wurde jedoch Anfang des 15. Jahrhunderts erhöht. Die Hanglage der Kirche hatte dazu geführt, dass die Standfestigkeit des Turms nicht mehr gewährleistet war. Aus diesem Grunde musste man den Turm mit bis zu 4 m dicken Strebepfeilern abstützen, was ihm ein besonders wuchtiges Aussehen verleiht.

Das Patrozinium

Der Kirchenpatron von Steinborn, der heilige Lambertus, ist sozusagen ein einheimischer Heiliger. Um 640 geboren, erhielt er seine theologische Ausbildung durch seinen Onkel, den Maastrichter Bischof Theodard, dessen Nachfolger er um 672 als letzter Bischof von Maastricht wurde. Lambert, der zeitweise auch in Lüttich residierte, hatte sich vor allem der Missionierung unter den heidnischen Bewohnern der Ardennen verschrieben. In seinem Lütticher Haus wurde er wahrscheinlich 705, am 17. September, durch einen Lanzenstich ermordet. Der 17. September ist der Festtag des Heiligen, dessen Gebeine von seinem Nachfolger, dem heiligen Hubertus, in Lüttich beigesetzt wurden. Da man in dieser Zeit noch keinen Unterschied zwischen den Ardennen und der Eifel machte, sondern die Ardennen bis an den Rhein reichten, ist Lambertus ein Heiliger, der nicht nur in der Umgebung von Lüttich, sondern vor allem auch in der Nord- und Westeifel sehr verehrt wurde. Im frühen Mittelalter wurden viele Eifeler Dorfkirchen diesem Heiligen geweiht.

Bis etwa um die Jahrtausendwende war Lambertus vor allem ein Heiliger, der sich besonderer Verehrung beim Adel erfreute. Ende des 15., Anfang des 16. Jahrhunderts kam es zu einer zweiten Welle der Verehrung, Lambertus wurde zum Volksheiligen, dem abermals viele Kirchen geweiht wurden. Noch heute wird er bei Epilepsie, bei Krämpfen, aber auch bei Krankheiten der Hühner um Hilfe angerufen. Tatsächlich hat man ihn früher auch bei Lahmheit um Hilfe gebeten, weil das Leiden nach der natürlich hart an Aberglauben grenzenden Meinung der Menschen in seinem Namen enthalten ist.

Das Kircheninnere

Wer zum ersten Mal die Lambertuskirche in Steinborn betritt, bleibt in der Regel zunächst einmal staunend stehen. In dieser Kirche mit ihrem von außen gedrungen und romanisch wirkenden Baukörper vermutet man nicht ein so helles, dank des vielfach gegliederten Deckengewölbes, geradezu zierlich wirkendes Innere. Dieses Deckengewölbe ist erst im 16. Jahrhundert in die Kirche eingefügt worden, bis dahin hatte sie eine Flachdecke.

Das reich ausgemalte Netzgewölbe wird durch eine einzige, achteckige Säule

St. Lambertus, eine der schönsten Einstützenkirchen der Eifel

getragen. St. Lambertus in Steinborn ist also eine Einstützenkirche, und zwar eine der schönsten und eindrucksvollsten in der Eifel. Dass die Umgestaltung der Kirche im 16. Jahrhundert von der Flachdecke zum Netzgewölbe, das von einer einzigen Stütze getragen wird, geschah, hatte einen politischen Hintergrund. Im 16. Jahrhundert begann in der Region, in der Steinborn liegt, neben den Kurfürsten und Erzbischöfen von Köln und Trier eine dritte Regionalmacht sich bemerkbar zu machen, und zwar die Grafen von Manderscheid-Blankenheim.

Mitte des 15. Jahrhunderts bereits war Graf Cuno von Kronenburg-Manderscheid-Schleiden befreundet mit jenem Mann, den man den letzten Universalgelehrten des ausgehenden Mittelalters genannt hat, dem Kardinal Nikolaus Cusanus. Dieser, aus Kues an der Mosel stammende Mann, hatte im Chor der Franziskanerkirche zu Salzburg die Architektur der Einstützenkirche kennengelernt und dieses Einstützenprinzip in der Stiftskirche des von ihm gegründeten Cusanusstiftes verwirklicht. Dort lernte der Manderscheider die Einstützenkirche kennen und schätzen. Fortan ließen er und seine Nachfolger im Manderscheider Herrschaftsgebiet Einstützenkirchen bauen.

Der besondere Erfolg dieser Architektur lag in der Symbolkraft. Die Menschen des Mittelalters waren sehr empfänglich für solche Symbole. Und die eine Stütze, mitten in der Kirche, hatte eben eine ungeheure Symbolkraft. So wie das Gotteshaus der Mittelpunkt einer Gemeinde war und Christus der Mittelpunkt unseres Lebens, so bildet die Säule die zentrale Mitte der Kirche. Ohne Christus kein Halt in unserem Leben, ohne die Säule würde der Bau zusammenbrechen.

Die achteckige Säule, die, aus einem runden Fuß emporwachsend, zur Decke dort gleichsam auseinanderbricht und sich in zahlreiche Adern aufspaltet, trägt mit diesen Adern, den Rippen, das Netzgewölbe und damit die ganze auf ihr ruhende Last des Dachs. So war diese

Aufgliederung der Säule in die Rippen des alles tragenden Netzwerks für die Menschen der damaligen Zeit ein Symbol für die Lehre Christi, die sich in alle Winkel der Welt verteilt.

Interessant ist der Schlussstein auf dieser Säule. Durch das auf ihm zu sehende Gemälde weist er auf das Datum des Umbaus hin. Zu sehen ist ein Bildnis der Kaiserin Helena, die den Heiligen Rock in ihren Händen hält. Darunter ist auf der Mittelsäule ein stilisiertes Sandsteingesicht mit einem unter ihm befindlichen Wappen zu erkennen. Es ist das Wappen des Burgkellners Johan Alfnelen von Daun, der 1533 erwähnt wird. Dass er hier dargestellt ist, lässt darauf schließen, dass er erhebliche finanzielle Mittel zum Umbau der Kirche beigesteuert hat. Zu seiner Zeit fanden 1524, 1531 und 1538 Ausstellungen des Heiligen Rocks in Trier statt.

Gemauerte Stütze mit stilisiertem Sandsteingesicht

Zwei Holzstatuen des Kirchenpatrons sind in der Kirche zu sehen. Die kleinere von ihnen, an der Nordwand, stammt aus dem 16. Jahrhundert, die größere, im Mittelpunkt des Hochaltars, wurde im 18. Jahrhundert geschnitzt. Links und rechts von ihr sieht man Szenen aus dem Leben des Heiligen.

Sehenswert ist das hölzerne, aus der Barockzeit des 18. Jahrhunderts stammende Antependium in der Mitte des Unterbaus am linken Seitenaltar. Es zeigt in eindrucksvoll gestalteten Figuren die Geißelung Christi.

Passion auf dem Antependium

Hingewiesen werden muss noch auf das Weihwasserbecken an der Mittelsäule. Es ist ein korinthisches Kapitell aus römischer Zeit aus weißem Marmor. Es war lange Zeit in der Wand neben der Eingangstüre eingemauert. Bei der letzten Renovierung der Kirche wurde es herausgebrochen und umgestülpt am Fuß der Säule aufgestellt.

Ein umgekehrtes Kapitell dient als Weihwasserbecken.

Die Schreinmadonna

Die größte Kostbarkeit in dieser Kirche steht fast versteckt im Halbdunkel (Taschenlampe sehr nützlich!) vor dem Treppenaufgang zur Orgelempore an der nordwestlichen Turminnenwand. Es ist eine sogenannte *Schreinmadonna*, einziges Beispiel eines solchen Kunstwerks im Bistum Trier. Der Oberkörper dieser um 1360 entstandenen Madonna kann als zweiflügeliges Türchen geöffnet werden. Im bemalten Inneren der Madonna habe sich, so nehmen die Kunsthistoriker an, einst ein Gnadenstuhl befunden, also Vater, Sohn und Heiliger Geist in Maria inkorporiert.

Nachdem dieser Ausdruck der Volksfrömmigkeit einem päpstlichen Verbot zum Opfer gefallen war, wurde das Türchen mit derben Nägeln verschlossen.

Das Jesuskind, das auf dem linken Knie der Mutter steht, hält vor seiner Brust einen kleinen Vogel. Für diese häufig anzutreffende Darstellung gibt es zwei Erklärungen. Die eine sieht in diesem Vögelchen ein Symbol für den Heiligen Geist. Die andere geht auf eine uralte Legende zurück. Danach haben Jesus und sein fast gleichaltriger Vetter Johannes (der spätere Täufer) häufig zusammen gespielt. Bei einem solchen Spiel soll Jesus aus Lehm einen kleinen Vogel modelliert und ihm dann Leben eingehaucht haben.

Die Schreinmadonna

Die Schreinmadonna in Steinborn ist allerdings nur eine Kopie, das Original befindet sich im Dom- und Diözesanmuseum in Trier.

Westeifel mit belgischer Eifel

Bleialf | Fleringen | Gondelsheim | Lambertsberg | Meckel | Ouren/B | Prümzurlay | Roth an der Our | Weidingen | Weweler/B

Bleialf, Pfarrkirche Mariä Himmelfahrt

Lage

Bleialf, PLZ 54608, gehört zur Verbandsgemeinde Prüm und liegt nördlich dieser Stadt im Eifelkreis Bitburg-Prüm.

Entfernungen

- Von Aachen 107 km über die Monschauer Straße zum Autobahnanschluss Lichtenbusch, belg. A 3 Richtung Lüttich/Liège bis Kreuz Verviers, belg. A 27/dt. A 60 Richtung Trier bis Bleialf.
- Von Köln 115 km über die A 1 Richtung Trier bis Blankenheim, B 51 Richtung Trier bis Stadtkyll, B 421 Richtung Aachen bis Hallschlag, links ab Richtung Prüm bis Ormont, spitzwinklig rechts ab bis Brandscheid, rechts ab nach Bleialf.
- Von Bonn 117 km über die B 56 Richtung Euskirchen zum AB-Kreuz Bliesheim, A 1 Richtung Trier bis Blankenheim, weiter wie vor unter Köln.
- Von Koblenz 134 km über die A 48 Richtung Trier bis Autobahndreieck Vulkaneifel, B 421 Richtung Prüm bis Stadtkyll, weiter wie oben unter Köln.
- Von Trier, 76 km über die B 51 Richtung Köln bis Bitburg, A 60 Richtung Lüttich bis Bleialf.

Zugangsmöglichkeit

Die Kirche ist ganztägig geöffnet und mit Ausnahme des Hauptaltarbereichs (Sicherungsanlage) frei zugänglich. Für eine Führung ist Franz Meier zuständig, Tel. 06555/293.

Einkehrmöglichkeit

Altes Backhaus, Auwer Straße 12, 54608 Bleialf, Tel. 06555/8699.

Infos

Tourist-Information Prümer Land, Hahnplatz 1, 54595 Prüm, Tel. 06555/505, Fax 7640, E-Mail: ti@pruem.de, Website: www.pruem.de

Geschichte

Bleialf wird erstmals 893 urkundlich erwähnt und zwar im sogenannten *Prümer Urbar*, dem ältesten, erhalten gebliebenen, deutschen Kataster. Der erste Kirchenbau, vielleicht war es auch nur eine Kapelle, wird in einer Urkunde von 1187 genannt. Mit dem ersten richtigen Kirchenbau ging es dann 1360 los, als man mit dem Bau der Pfarrkirche begann. Davon sind heute noch Reste im Untergeschoss des Turms erhalten. 1496 baute man eine dreischiffige Hallenkirche an, die 1555 zwei Seitenschiffe erhielt.

Ein grundlegender Umbau der Kirche kam dann 1923, als Teile der alten Pfarrkirche abgerissen wurden, der Teil jedoch, der erhalten blieb, stellt heute die sogenannte *alte Kirche* dar, die man beim Betreten der Kirche gleich links sieht.

Die Pfarrkirche St. Mariä Himmelfahrt

Der Erweiterungsbau 1923 wurde notwendig, weil die bisherige Pfarrkirche zu klein geworden war. Dank des blühenden Bleibergbaus, der hier bereits seit der Römerzeit betrieben wurde, war die Einwohnerzahl mächtig gewachsen. Und heute präsentiert sich die Pfarrkirche von Bleialf als ein weithin sichtbares Wahrzeichen, das die Bewohner des Dorfs stolz als „Schneifeldom“ bezeichnen. In diesem Namen steckt der Begriff *Schneifel* oder *Schnee-Eifel*, wie dieser besonders raue und niederschlagsreiche Teil der Westeifel seit Jahrhunderten genannt wird.

Das Patrozinium

Gesicherte Anhaltspunkte für die Wahl des Patroziniums Mariä Himmelfahrt in Bleialf gibt es nicht. Tatsache ist jedoch, dass Marienkirchen generell alt sind. Die Überzeugung, dass die Gottesmutter Maria, wie Christus, ihr Sohn, leibhaftig in den Himmel aufgenommen wurde, ist in der römisch-katholischen Kirche ebenso wie in der orthodoxen oder der syrischen Kirche vorhanden. Der Patriarch Kyrill von Alexandria (Patriarch von 412-444) hat das Fest bereits im fünften Jahrhundert eingeführt und auf den 15. August gelegt. Bei diesem Datum ist es bis heute geblieben.

Über die leibliche Aufnahme Mariens wird zwar nichts in den kanonischen Schriften berichtet, jedoch werden einige Schriftstellen als Hinweise in diesem Sinne gedeutet. In den sogenannten *apokryphen Evangelien*, also den Evangelien, die von der Amtskirche nicht anerkannt sind, wird ausführlich darüber berichtet. Es heißt dort, die Apostel seien von ihren Missionsorten durch die Luft an das Sterbebett Mariens verbracht worden. Sie hätten Maria nach deren Tod bestattet und das Grab mit einem großen Stein verschlossen, aber sofort sei Christus mit den Engeln erschienen, der Stein sei weggewälzt worden und Christus habe Maria herausgerufen. Diese Schilderung wurde besonders für die liturgischen Texte der byzantinischen Kirche wichtig.

Am 15. August 1950 hat Papst Pius XII. (Papst von 1939-1958) anlässlich des damals begangenen Heiligen Jahres die leibliche Aufnahme Mariens in den Himmel zum Dogma, also zum allgemein verbindlichen Glaubenssatz, erhoben. Das Fest Mariä Himmelfahrt wird heute noch vor allem in Süddeutschland als Hochfest begangen. Vielfach werden dabei in der Kirche Kräuter geweiht, kleine, bunte Sträuße aus Sommerblumen, zur Erinnerung an die Überlieferung, dass die Jünger, die das leere Grab der Gottesmutter vorfanden, darin nur noch ein Kräutergebinde entdeckten.

Das Kircheninnere

Marienaltar in der alten Kirche

Man betritt die Kirche durch das Portal an der Nordseite, das den Besucher sogleich in das große Mittelschiff führt. Dort ist es leider recht dunkel, sodass der kostbare spätgotische Schnitzaltar aus der Ferne kaum wahrnehmbar ist.

Dieser Teil der Kirche wurde 1923 neu gebaut. Linkerhand hat man aber zunächst ein erhalten gebliebenes Schiff der alten Kirche, das rechtwinklig nach Norden abzweigt. Es ist ein Glück, dass dieses Schiff beim Neubau der Kirche erhalten blieb. Man steht im Chor einer spätgotischen Hallenkirche mit einem schönen Kreuzgratgewölbe. Auf dem Chorbogen hier hat es eine heute nicht mehr vorhandene Inschrift gegeben, wonach der Abt von Prüm, Graf Robert von Virneburg, diese Kirche 1496 in dieser Gestalt hat bauen lassen. Erst bei einer Restaurierung dieser alten Kirche 1980-1982 kam unter einer 12-fachen Farbschicht eine ursprünglich wohl recht eindrucksvolle, heute leider nur noch in Bruchstücken erhaltene und soweit wie möglich konservierte Freskenausmalung zum Vorschein, die seit Jahrhunderten in Vergessenheit geraten war.

Deckenbemalung aus dem 14. Jahrhundert

Dargestellt sind die 10 Gebote und ihnen jeweils gegenüber die 10 Plagen Ägyptens. Es konnte also jeder Gläubige unschwer erkennen, welche Strafe auf die Übertretung eines Gebotes folgen konnte. Verhältnismäßig gut erhalten ist die Darstellung des zweiten Gebots „Du sollst den Namen Gottes nicht verunehren".

Moses und der Meineidige

Gezeigt wird Moses mit den Gesetzestafeln und neben ihm ein Mann, der die Beine gekreuzt hält. Er schwört einen Meineid. Das wird durch die gekreuzten Beine gezeigt. Sie galten nach altem Aberglauben beim Schwören eines Meineides als Schutz vor der Strafe Gottes.

Als Strafe für diese Gotteslästerung kommt eine Froschplage aus dem Wasser des Nils. Man kann unterhalb der Wolke, in der sich Gott verbirgt, mehrere Frösche erkennen.

Andere Plagen waren die Heuschreckenplage, das Schwarzwerden der Sonne, die Verwandlung des Nilwassers in Blut. Es kam tatsächlich hin und wieder vor, dass sich das Wasser des Nils blutrot verfärbte. Das lag entweder an einem Befall des Wassers mit roten Algen oder kam von rotem Lehm, den der Fluss mitführte. Viehseuchen oder die Erkrankung der Menschen an den Blattern waren andere Plagen, die als Strafen dargestellt wurden. Sehr gut zu erkennen ist die Übertretung des Gebotes, den Sabbat zu heiligen. Es wird ein Baum gefällt. Die Strafe erkennt man auf der gegenüberliegenden Seite. Gott schickt Stechmücken über das Land. 23 Stechmücken kann man unterhalb einer Wolke erkennen.

Auf der Rückseite des Chorbogens ist die Krönung Mariens dargestellt. Die leiblich in den Himmel aufgenommene Gottesmutter sitzt in der Herrlichkeit der Dreifaltigkeit, also im Himmel. Nach Ansicht von Theologen gehört dieses Bild zu den Fresken. Wer die Gebote übertritt, muss mit Gottes Sanktionen rechnen, aber unsere Aufnahme in den Himmel dürfen wir dennoch erhoffen. Das sei, so die Deutung, die Aussage, die der unbekannte Künstler des Mittelalters mit dieser Komposition machen wollte. Wer die Bilder wann gemalt hat, ist unbekannt.

Leider ist es im Hauptschiff der Kirche so dunkel, dass man die wichtigsten Kunstwerke, wie den spätgotischen Hochaltar, die Seitenaltäre und die Kanzel, kaum erkennen kann. Man bedarf also in der Regel der Hilfe von Franz Meier, der die Innenbeleuchtung ein- und die Sicherheitsanlage um den Hochaltar ausschalten kann, um Details zu erkennen.

Der rechte Seitenaltar

Der Hochaltar zeigt im Mittelpunkt mit farbig gefassten Figuren die Kreuzigung, links und rechts davon je zwei kleinere Reliefs mit der Geißelung, den Fall unter das Kreuz, die Kreuzabnahme und die Auferstehung. Darunter sind fünf kleine Bilder aus dem Leben Mariens dargestellt.

Antwerpener Schnitzaltar in der neuen Kirche

Der Ursprung dieses Kunstwerks ist ebenso unbekannt, wie die Werkstatt, in der es entstanden ist. Es scheint allerdings festzustehen, dass die Reliefs von einem Antwerpener Altar stammen und um 1540 entstanden sind. Das Apostelfries unterhalb des Marienreliefs wird als noch älter eingeschätzt. 1660 wurde der Altar in einer Werkstatt in Huy nahe Lüttich überarbeitet. Bleialf gehörte damals bis 1803 zur Diözese Lüttich.

Aus dem 18. Jahrhundert stammen die beiden Seitenaltäre und der Schalldeckel der Kanzel, während die Kanzel selbst 1660 gefertigt wurde.

Interessant ist das 1979 entstandene Deckengemälde im Hauptschiff, in dessen Mittelpunkt die Himmelfahrt Mariens steht.

Unter der auffahrenden Madonna ist die Kirche von Bleialf mit Friedhof und Pfarrhaus zu erkennen sowie die 12 Apostel. Unter ihnen sieht man für die Bleialfer von 1979 bekannte Gesichter. So erkennt man den damaligen Trierer Bischof Dr. Stein, den Pfarrer von Bleialf, Zirkelbach, und seine beiden Vorgänger Hartl und Buhr sowie den Architekten der Kirchenrenovierung, Probst. Der Maler Arnold Mrziglod hat sich als Engel versteckt.

Fleringen, Pfarrkirche St. Lukas

Lage

Fleringen, PLZ 54597, ist eine Ortsgemeinde in der Verbandsgemeinde Prüm und gehört damit zum Eifelkreis Bitburg-Prüm. Der Ort liegt an der B 410 zwischen Prüm und Gerolstein.

Entfernungen

- Von Aachen 146 km über die A 4 Richtung Köln bis Kreuz Erftstadt, A 1 Richtung Trier bis Blankenheim, B 51 Richtung Trier bis Wilwerath, links ab über Gondelsheim nach Fleringen.
- Von Köln 111 km über die A 1 Richtung Trier bis Blankenheim, B 51 Richtung Trier bis Wilwerath, links ab über Gondelsheim nach Fleringen.
- Von Bonn 113 km über die B 56 bis Euskirchen, A 1 Richtung Trier bis Blankenheim, B 51 Richtung Trier bis Wilwerath, links ab über Gondelsheim nach Fleringen.
- Von Koblenz 105 km über die A 48 Richtung Trier bis Mayen, B 410 bis Fleringen.
- Von Trier 65 km über die B 51 Richtung Köln bis Bitburg, A 60 Richtung Lüttich/Liège bis Prüm, B 410 nach Fleringen.

Zugangsmöglichkeit

Die Kirche ist ganztägig geöffnet und frei zugänglich.

Einkehrmöglichkeit

Hotel Restaurant Schoos, Baselt Nr. 7, 54597 Fleringen, Tel. 0 65 58 / 92 54 - 0.

Infos

Tourist-Information Prümer Land, Hahnplatz 1, 54595 Prüm,
Tel. 06551 / 505, Fax 7640, E-Mail: ti@pruem.de, Website: www.pruem.de

Geschichte

Mitten im Dorf steht die gedrungene, kleine Pfarrkirche. Oberflächlich betrachtet, besteht sie aus vier Gebäudeteilen: dem wuchtigen Turm, dem Chor, der von außen erkennbaren Sakristei, dem Langhaus. Turm und Chor sind die ältesten Teile der Kirche, wobei es bemerkenswert ist, dass der Turm sich neben dem Chor, also im Osten, erhebt, ohne dass es sich bei dieser Kirche um eine Chorturmkirche handelt. Aus dem Jahr 1330 datiert die erste urkundliche Erwähnung der Kirche, die damals nur aus Turm und Chor bestand. Bei einer bischöflichen Visitation im Jahre 1570 wird der Zustand dieses Kirchengebäudes als ruinös bezeichnet und der Bau eines Kirchenschiffs gefordert. Dazu kommt es aber erst mehr als 100 Jahre später, 1683. Diese lange Zeitspanne geht darauf zurück, dass drei verschiedene Instanzen verpflichtet waren, für einen solchen Bau das Geld zur Verfügung zu stellen. Ein Drittel hatte der Herzog von Aremberg aufzubringen, zu einem Drittel war der jeweilige Pfarrer zahlungspflichtig und zu einem Drittel der Erzbischof und Kurfürst in Trier. Es hat also über 100 Jahre gedauert, bis sich die hohen Herren finanziell zusammengerauft hatten.

Pfarrkirche St. Lukas

Das Schiff ist ein einfacher, mit Kalk verputzter Bruchsteinbau, in den man durch einen recht niedrigen Eingang im Westen eintreten kann.

Das Patrozinium

An der Nordostecke des Kirchenschiffs ist außen eine kleine, einfache Steinplastik eingelassen, die den Patron dieser Kirche zeigt, den Evangelisten Lukas. Er ist mit seinem Symboltier, einem Stier, dargestellt.

Evangelist Lukas

Warum Lukas mit einem Stier, Markus mit einem Löwen, Johannes mit einem Adler und Matthäus mit einem Menschen dargestellt wird, fragt sich so mancher immer wieder. Diese Symbole gehen letztlich auf das alte Testament zurück und zwar auf das erste Buch der Visionen des Propheten Ezechiel, auch Hesekiel genannt (etwa um 600 vor Christus), der von vier Wesen spricht, deren Köpfe jeweils vier Gesichter tragen, wobei in der Reihenfolge Mensch, Löwe, Stier und Adler jedes Wesen ein anderes Gesicht dem Betrachter zuwendet. Darauf wiederum greift der Kirchenvater Hieronymus (viertes Jahrhundert) in der Einleitung zu seinem Kommentar zum Matthäusevangelium zurück. Er begründet seine Zuordnungen so:

„Die erste Gestalt, die eines Menschen, deutet hin auf Matthäus, der wie über einen Menschen zu schreiben beginnt: Buch der Abstammung Jesu Christi, des Sohnes Davids, des Sohnes Abrahams, die zweite (Gestalt deutet hin) auf Markus, bei dem die Stimme eines brüllenden Löwen in der Wüste hörbar wird: Stimme eines Rufenden in der Wüste: Bereitet dem Herrn den Weg, macht eben seine Pfade; die dritte (Gestalt) eines

Kalbs deutet hin auf jene, die der Evangelist Lukas vom Priester Zacharias zu Beginn verwenden lässt; die vierte (Gestalt deutet hin) auf den Evangelisten Johannes, der, weil er Schwingen eines Adlers erhält und so zu Höherem eilen kann, das Wort Gottes erörtert.“

Evangelist Johannes

Lukas, dessen Fest die Kirche am 18. Oktober begeht, ist der Verfasser des dritten Evangeliums und der Apostelgeschichte. Auf der zweiten und dritten Missionsreise des Apostels Paulus soll er diesen begleitet haben, ebenso auf dessen Romreise. Von Beruf war Lukas, der aus einem vornehmen Hause in Antiochia stammte, Arzt. Dass er auch Maler war, ist eine Legende, die erst lange nach seinem Tod um das Jahr 80 entstanden ist.

Evangelist Lukas

Lukas war bekannt als ein besonderer Marienverehrer, und die Legende berichtet, dass er das erste Porträt der Madonna gemalt habe. Vor allem in der griechischen Orthodoxie wird Lukas als Schöpfer geradezu unzähliger wundertätiger Marienikonen verehrt. Auch in der abendländisch-christlichen Kunst wird Lukas oft nicht nur mit dem Stier, sondern auch mit einem Madonnenbild oder an einer Staffelei sitzend und ein Madonnenbild malend dargestellt.

Im Mittelalter und in der frühen Neuzeit genoss Lukas vor allem in Flandern eine besondere Verehrung als Patron der Maler. Fast alle bedeutenden Maler dieser Zeit, wie Hans Memling in Brügge oder Peter Paul Rubens in Antwerpen, gehörten den jeweiligen Lukasgilden an, den Malerzünften.

Andererseits entstanden Anfang des 20. Jahrhunderts in manchen Städten, vor allem in Wien, sogenannte *Lukasgilden*. Dabei handelte es sich um katholische Ärztevereinigungen.

Das Kircheninnere

Angesichts des äußerlich so schlichten Bauwerks ist beim Eintreten der Blick durch das Schiff in den Chor überraschend. Die eigentliche Kultstätte der Kirche, der Altarraum, wird von einem spätgotischen Netzgewölbe überspannt, dessen Felder ausgemalt sind. Die Bilder, Christus als Weltenrichter mit den vier Evangelisten, wurden bei einer Renovierung der Kirche 1973/74 wiederentdeckt und restauriert.

Christus als Weltenrichter mit den vier Evangelisten im Chorgewölbe

Unter ihnen steht der 1663 entstandene barocke Hochaltar. Über dem Tabernakel kann man in einer Nische den heiligen Lukas erkennen, darüber steht eine Figur der heiligen Katharina. Auf den Seitenteilen des Altars sieht man über den Türen zur Sakristei rechts eine Pietà, links eine Anna Selbdritt.

Lächelnde Madonna

Das kostbarste Kunstwerk in der Kirche ist jedoch eine lächelnde Madonna mit dem Jesuskind auf dem linken Arm. Diese holzgeschnitzte und farbig gefasste Madonna stammt aus der Mitte des 15. Jahrhunderts und dürfte in Köln entstanden sein. Diese Madonna in der Kirche ist jedoch eine Kopie, das Original befindet sich im Museum.

Interessant ist auch bei dieser Madonna, das Vögelchen, das das Jesuskind in der linken Hand hält. Siehe hierzu unter „Schreinmadonna" im Kapitel über Steinborn in diesem Buch.

Beim Bau des Kirchenschiffs wurde im Gewölbe unter dem Dach ein Vorratsspeicher angelegt, in dem die Bauern von Fleringen den Zehnten einlagerten. Als Anfang des 19. Jahrhunderts die Zehntpflichtigkeit abgeschafft wurde, bauten die Fleringer aus dem Holz des Zehntspeichers die Empore, die heutige Orgelempore.

Gondelsheim, Pfarrkirche St. Fides, Spes und Caritas

Lage

Gondelsheim, PLZ 54595, ist ein Ortsteil von Weinsheim in der Verbandsgemeinde Prüm und gehört zum Eifelkreis Bitburg-Prüm. Es liegt zwischen Prüm und Gerolstein am Rande der Schneifel (Schnee-Eifel).

Entfernungen

- Von Aachen 144 km über die A 4 Richtung Köln bis Kreuz Erftstadt, A 1 Richtung Trier bis Blankenheim, B 51 Richtung Trier bis Wilwerath, links ab nach Gondelsheim.
- Von Köln 106 km über die A 1 Richtung Trier bis Blankenheim, B 51 Richtung Trier bis Wilwerath, links ab nach Gondelsheim.
- Von Bonn 108 km über die B 56 bis Euskirchen, A 1 Richtung Trier bis Blankenheim, B 51 Richtung Trier bis Wilwerath, links ab nach Gondelsheim.
- Von Koblenz 108 km über die A 48 Richtung Trier bis Mayen, B 410 bis Gondelsheim.
- Von Trier 68 km über die B 51 Richtung Köln bis Bitburg, A 60 Richtung Lüttich/Liège bis Prüm, B 410 bis Baselt, links ab nach Gondelsheim.

Zugangsmöglichkeit

Die Kirche ist ganztägig frei zugänglich. Wegen einer Führung wende man sich an die Küsterin, Frau Krump, Tel. 06558/310.

Einkehrmöglichkeit

Hotel Restaurant Schoos, Baselt Nr. 7, 54597 Fleringen, Tel. 06558/9254-0.

Infos

Tourist-Information Prümer Land, Hahnplatz 1, 54595 Prüm, Tel. 06551 / 505, Fax 7640, E-Mail: ti@pruem.de, Website: www.pruem.de

Geschichte

Bereits Ende des neunten Jahrhunderts hatte die Abtei Prüm im Bereich des heutigen Dorfs Gondelsheim Grundbesitz. Ob es so früh hier vielleicht auch eine Kapelle gegeben hat, weiß man nicht. Eine erste Kirche ist für das Jahr 1461 nachgewiesen. Damals war sie zu klein geworden und es musste eine neue, größere Kirche geplant werden. Die alte Kirche wurde erweitert, erhöht und mit einem neuen Gewölbe versehen. Damit war man 1531 fertig.

Es hatte wahrscheinlich nicht an der zu stark gewachsenen Zahl der Einwohner von Gondelsheim gelegen, dass die alte Kirche zu klein geworden war. Es war vielmehr eine stetig wachsende Pilgerschar, die nach Gondelsheim kam. Diese Pilger kamen zu den Kirchenpatroninnen Fides, Spes und Caritas. Nach einer Legende war einst eine Reliquie dieser drei Heiligen von Prüm aus nach Gondelsheim gekommen.

In welchen Anliegen die Pilger zu diesen drei heiligen Jungfrauen gepilgert sind, weiß man heute nicht mehr. Sie haben jedenfalls durch die Jahrhunderte dazu beigetragen, dass die

Die Pfarrkirche St. Fides, Spes und Caritas

Kirche in Gondelsheim reichlich ausgeschmückt werden konnte, obschon sie erst 1803 im Zuge der Neuordnung der Pfarreien durch die Franzosen Pfarrkirche wurde. Bis dahin war sie lediglich Filialkirche des benachbarten Fleringen (s. dazu weiter oben Fleringen).

Seit dem 18. Jahrhundert wurde in der Pfarrkirche Gondelsheim mehr und mehr der heilige Quirinus von Neuss verehrt, dem ein im Zweiten Weltkrieg zerstörter großer Altar geweiht war. Quirinus war ein sogenannter *Viehheiliger*, der als Schutzpatron des Hausviehs, vor allem der Pferde, früher große Verehrung genoss. Pfingstmontag war immer der Tag der Pferdeprozession. Dann kamen die Bauern von weither mit ihren Pferden, die nach dem feierlichen Hochamt gesegnet wurden. Bis in die 30er-Jahre des 20. Jahrhunderts gab es in diesem Zusammenhang sogar eine Sakramentsprozession. Das weitgehende Verschwinden der Pferde aus der Landwirtschaft hat dazu geführt, dass diese Pferdeprozessionen nach dem Zweiten Weltkrieg nach und nach eingeschlafen sind. Die heutigen Freizeitpferdebesitzer haben bislang, soweit erkennbar, keinen besonderen Kontakt zu diesem Heiligen.

Im Februar 1945 wurde die Pfarrkirche der drei heiligen Jungfrauen in Gondelsheim von den Amerikanern in Trümmer geschossen. Vieles von der alten Ausstattung ist dabei unwiederbringlich verloren gegangen.

Bereits 1947 begannen die Gondelsheimer mit dem Wiederaufbau ihrer Kirche, der dann Mitte der 1950er-Jahre beendet war.

Das Patrozinium

Soweit ersichtlich, ist die Pfarrkirche in Gondelsheim die einzige Kirche in der Eifel, die dieses Patrozinium der heiligen drei Jungfrauen hat. Allerdings ist die Wallfahrtskirche in Auw an der Kyll auch eng mit der Legende von den drei Jungfrauen verbunden, ohne dass diese es allerdings auch dort zum Patrozinium gebracht hätten. Und schließlich gab es in der dem heiligen Wendelin geweihten Pfarrkirche von Kirmutscheid (s. dort in diesem Buch) einen der heiligen Sofia und ihren drei Töchtern Fides, Spes und Caritas geweihten Hochaltar, der sich heute im Schnütgenmuseum in Köln befindet. Diese drei Heiligen sind kirchengeschichtlich nicht nachweisbar, weshalb sie heute nicht mehr in den offiziellen Heiligenverzeichnissen der katholischen Kirche auftauchen. Sowohl in der russischen Orthodoxie wie auch in der armenischen wie auch koptischen Kirche werden diese Heiligen aber heute noch verehrt.

Die Entfernung dieser immerhin selten anzutreffenden Heiligen aus dem römischen Heiligenkalender ändert allerdings nichts daran, dass der 30. September der Festtag der drei Heiligen ist, deren Namen im Deutschen *Glaube, Hoffnung* und *Liebe* bedeuten. Immerhin ist es auch wesentlich prominenteren Heiligen, wie etwa der heiligen Ursula von Köln oder dem heiligen Christophorus, ähnlich ergangen. Auch sie wurden aus dem offiziellen Heiligenkalender gestrichen, weil sie, ungeachtet aller Verehrung, nicht nachweisbar sind.

Das Martyrium der heiligen Fides, Spes und Caritas

Immerhin gibt es eine Legende über Leben und Sterben von Fides, Spes und Caritas. Danach waren sie die Töchter einer vornehmen Matrone namens Sophia (Weisheit auf Deutsch) aus Mailand, die zur Zeit des römischen Kaisers Hadrian (76-138 n. Chr.) mit ihren Töchtern nach Rom ging, in der Hoffnung, dort den Märtyrertod zu finden. Weil sie standhaft bei ihrem christlichen Glauben blieben, wurden die Töchter gemartert und dann getötet. Vor dem Martyrium soll Gott ihnen das Versprechen gegeben haben, jede ihrer Bitten, die sie von den Menschen an ihn weiterleiten würden, zu erfüllen. Man könnte also fast sagen, Fides, Spes und Caritas waren Fürbitterinnen in allen Notlagen.

Nach einer anderen Version der Legende starb Sophia eines natürlichen Todes, nachdem sie ihre Töchter am 30. September 130 in den Katakomben des Callistus begraben hatte. Nach einer anderen wurde sie als Märtyrerin enthauptet.

Der Ursprung dieser Legende liegt wahrscheinlich in Ostrom, Byzanz, wo die drei als Personifizierung der drei göttlichen Tugenden Glaube, Hoffnung und Liebe entstanden sein könnten.

Volkskundler neigen heute vielfach dazu, in der Verehrung der drei heiligen Schwestern eine christliche Umdeutung des auch in der Eifel zur Römerzeit verbreiteten heidnischen Matronen- oder Mütterkults zu erblicken. Dabei wird darauf hingewiesen, dass im Mittelalter die Verehrung der drei heiligen Jungfrauen gerade dort besonders intensiv war, wo auch dieser Matronenkult stark vertreten war. Diese Matronen wurden meistens in einer Art Dreifaltigkeit als Göttinnen der Fruchtbarkeit verehrt und stellen möglicherweise sogar Personifizierungen von Sonne, Mond und Sternen dar.

Für die Legende gibt es keinerlei historische Hintergründe. Andererseits wurden bereits im achten Jahrhundert Reliquien der heiligen Jungfrauen durch Bischof Remigius von Straßburg in die Abtei Eschau im Elsass überführt. Von dort mögen dann Teile davon ihren Weg über Prüm nach Gondelsheim gefunden haben.

Das Kircheninnere

Gerettete Konsolen

Man betritt die Kirche durch das 1950 neu errichtete Westportal im Turm, das gekrönt ist von einer alten, im Krieg beschädigten Figur des heiligen Hubertus. Vor der Kriegszerstörung war das Innere dieser Kirche berühmt wegen seines sehr schön und eindrucksvoll gestalteten Gewölbes, dessen Rippen auf ansprechend geformten Konsolen endeten.

Einige dieser Konsolen hat man im Schutt des eingestürzten Gewölbes nach Kriegsende gefunden und beim Wiederaufbau verarbeitet. Es sind Gesichter, von üppigen Bärten gerahmt.

Das Kircheninnere präsentiert sich entsprechend dem alten Grundriss des 16. Jahrhunderts als eine ungleiche zweischiffige Anlage, deren beide Chöre am Ende zusammenlaufen. An der Südwand kann man noch alte Mauersubstanz der Kirche des 15. Jahrhunderts sehen, die in der späteren Kirche aufgegangen ist. Erhalten gebliebene Dreiviertelsäulen erinnern hier noch an die niedrigeren Gewölbe von 1461.

St. Nikolaus und Reste der alten Kirche

In den Chören kann man einige große Nischen unter flachen Bögen sehen, hier waren wohl ehemals Priestersitze. Im Nebenchor ist eine Sakramentsnische erhalten, darunter eine sogenannte *Piscina*, eine Abflussmöglichkeit für Wasser, das bei liturgischen Handlungen gebraucht wurde.

Von der alten Einrichtung haben nur zwei Holzfiguren den Granatenhagel überstanden, die hl. Margareta und Christus mit der Weltkugel. Beide Figuren stammen aus dem Ende des 16. Jahrhunderts.

Ein beachtenswertes Überbleibsel der ehemaligen Einrichtung ist eine große Relieftafel aus dem 18. Jahrhundert rechts neben dem Chor. Farbig bemalt, zeigt sie im Dreiviertelrelief recht drastisch die Marter, denen Fides, Spes und Caritas damals ausgesetzt waren.

Der Chor mit den Fenstern der Kirchenpatroninnen

Lambertsberg, Pfarr- und Wallfahrtskirche St. Lambertus

Lage

Lambertsberg, PLZ 54649, liegt in der Verbandsgemeinde Arzfeld im Eifelkreis Bitburg-Prüm.

Entfernungen

- Von Aachen 163 km über die B 258 Richtung Koblenz bis Schöneseiffen, rechts ab Richtung Trier bis Hellenthal, B 265 Richtung Trier bis Prüm, B 410 Richtung Dasburg bis Lünebach, links ab über Waxweiler nach Lambertsberg.
- Von Köln 126 km über die A 1 Richtung Trier bis Blankenheim, B 51 Richtung Trier bis Prüm, B 410 Richtung Dasburg bis Lünebach, links ab über Waxweiler nach Lambertsberg.
- Von Bonn 127 km über die B 56 Richtung Euskirchen bis A 1 Richtung Trier, A 1 bis Blankenheim, weiter wie vor unter Köln.
- Von Koblenz 126 km über A 48 Richtung Trier bis Ausfahrt Ulmen, B 257 Richtung Nürburgring bis Kelberg, B 410 über Gerolstein und Prüm Richtung Dasburg bis Lünebach, links ab über Waxweiler nach Lambertsberg.
- Von Trier 49 km über die B 51 Richtung Köln, A 60 Richtung Lüttich bis Prüm, B 410 Richtung Dasburg bis Lünebach, links ab über Waxweiler nach Lambertsberg.

Zugangsmöglichkeit

Die Kirche ist ganztägig geöffnet und frei zugänglich.

Einkehrmöglichkeit

Gasthaus Fünfmädelhaus, Hauptstraße 41, 54649 Lambertsberg, Tel. 0 65 54 / 3 66.

Infos

Tourist-Information Arzfeld, Luxemburger Straße 5, 54687 Arzfeld, Tel. 0 65 50 / 96 10 80, Fax 96 10 82, E-Mail: ti@vg-arzfeld.de, Website: www.islek-info

Geschichte

Mit seiner politischen Vergangenheit ist der kleine Wallfahrtsort Lambertsberg geradezu ein Musterbeispiel für die Verrenkungen, zu denen die Kleinstaaterei vor dem Wiener Kongress (1815) auch in der Eifel geführt hat. Das heutige Dorf bestand noch bis 1969 aus den beiden selbstständigen Orten Lambertsberg und Greimelscheid, die nur durch die Hauptstraße des heute vereinten Ortes getrennt waren. Die dem heiligen Lambertus geweihte Kirche im alten Ortsteil Lambertsberg gehörte zum Herzogtum (damals noch nicht Großherzogtum) Luxemburg, der Kirchturm erfüllte gleichzeitig die Funktion eines Grenzzeichens gegenüber dem Kurbistum Trier auf der anderen Straßenseite. Das Pfarrhaus lag in Kurtrier, das von 1759 stammende Haus des Frühmessers, das gleichzeitig auch Schulhaus war, wiederum in Luxemburg. Als *Frühmesser* bezeichnete man damals einen katholischen Priester, der aufgrund von Stiftungen für seinen Unterhalt verpflichtet war, die Frühmesse vor Arbeitsbeginn der Bevölkerung zu zelebrieren.

Da bekanntlich aller guten Dinge drei sind, gehörte der östlichste Zipfel von Lambertsberg zum Fürstentum (Fürstabtei) Prüm. Im Rahmen eines sogenannten *Condominiums* übten die drei Landesherren, die Herzöge von Luxemburg, die Kurfürsten von Trier und die Äbte von Prüm, ihre Hoheitsrechte und damit die Verwaltung des so geteilten Dorfes gemeinsam aus.

Infolge der Besetzung des Rheinlandes durch die Franzosen 1802 kam Lambertsberg zu Frankreich, 1815 dann nach den Vereinbarungen des Wiener Kongresses zum Königreich Preußen und zum preußischen Landkreis Prüm.

Die Kirche stammt in ihrer heutigen Grundform aus dem Anfang des 16. Jahrhunderts, die modernen Anbauten wurden 1954 errichtet. So bietet die Kirche äußerlich im Wesentlichen noch das weitgehend reine Bild der Spätgotik.

Die Pfarrkirche St. Lambertus

Ob sie seinerzeit an der Stelle einer Vorgängerkirche erbaut wurde, lässt sich nicht belegen. Es gibt nur eine hübsche Legende. Danach hatte der heilige Lambertus (etwa 640-705) einst bei einer Wanderung durch die

Westeifel in einem Schuppen geschlafen. Zu der Zeit waren die Greimelscheider gerade dabei, eine Kapelle zu bauen. Doch am Morgen, als der Heilige erwachte, war das Baumaterial verschwunden und fand sich beim Schlafplatz des Heiligen wieder.

Es könnte allerdings tatsächlich sein, dass es keine Vorgängerkirche gegeben hat, denn erst zu Beginn des 16. Jahrhunderts blühte im Bistum Trier der Lambertuskult sehr auf.

Reliquienbüste des hl. Lambertus

Im späten 16. Jahrhundert entstand die Lambertuswallfahrt, die zu einer der bedeutendsten Wallfahrtsveranstaltungen der Westeifel wurde, zumal sich in Verbindung mit ihr ein wichtiger Kram- und Viehmarkt entwickelte. Ursprünglich zogen sich Wallfahrt und Marktbetrieb eine ganze Oktav, also eine Woche, hin.

Erst durch die französische Besatzung nach 1802, dann durch die Preußen nach 1815, wurde das Marktgeschehen stark eingeschränkt, in Resten fand es aber bis Ende des Ersten Weltkriegs statt. Wie wichtig dieser Markt war, zeigt das Marktkreuz vor der Kirche, das bereits 1613 errichtet wurde.

Ein Kuriosum sei hier noch erwähnt: Auf dem Lambertsberger Markt, an den heute noch der Name der Straße „Am Markt“ erinnert, gaben die Händler den Bauern für das hier gehandelte Vieh sechs Wochen Garantie, auf den sonstigen Märkten im Kurbistum Trier betrug die Garantiezeit sechs Monate. Die Wallfahrt zum heiligen Lambertus am dritten Septemberwochenende ist heute noch eine wichtige Veranstaltung.

Das Patrozinium

Siehe hierzu unter Steinborn in diesem Buch.

Das Kircheninnere

Im Inneren bietet St. Lambert ein Langhaus mit drei Jochen und einem Kreuzrippengewölbe. Gewölbezwickel und Wände der Kirche wurden 1868 mit stilisierten Blumen und abstrakten Mustern bemalt. Die Schlusssteine, in denen die Gewölberippen enden, sind zum Teil sehr schön verziert. Man sieht das Prümer Lamm, einen Christuskopf, Blumen und sogar ein Wildschwein. Die Decke über dem Langhaus wird in Abänderung der sonst in der Eifel beliebten Form der Einstützenkirche von zwei Pfeilern getragen.

Blick zum Chor

Unter den Einrichtungsgegenständen fallen zwei mit Säulen verzierte, gleiche Seitenaltäre auf, die in der Rokokozeit des 18. Jahrhunderts entstanden sind. Auf dem Seitenaltar im nördlichen Anbau befindet sich die Reliquienbüste des heiligen Lambertus. Der ursprünglich im Chor der Kirche aufgestellte, dem Kirchenpatron geweihte Hochaltar von 1626 ist nicht mehr vorhanden. Er wurde kurz nach dem Zweiten Weltkrieg an einen Liebhaber verkauft. Alle Versuche, ihn zurückzukaufen, sind fehlgeschlagen.

Daheim bei der Heiligen Familie

Wer immer schon einmal wissen wollte, wie es daheim bei der Heiligen Familie zuging, etwa bei der Arbeit, muss einfach einmal die Lambertuskirche in Lambertsberg besuchen. Die dortige, Ende des 17. Jahrhundert geschaffene, steinerne Kanzel zeigt in einigen, gleichsam „privaten" Reliefs Szenen aus Kindheit und Jugend Jesu.

Die Kanzel von 1618

Diese Kanzel ist ein Meisterwerk des vor allem in Trier, aber auch in manchen Eifeler Kirchen mit seinen Kunstwerken vertretenen Bildhauers Hans Rupert Hoffmann, der auch Hans Ruprecht Hoffmann der Ältere genannt wird.

Um 1545 wurde dieser Bildhauer vermutlich in Worms geboren, verbrachte seine Lehr- und Gesellenjahre in Mainz und Simmern und zog 1566 nach Trier, wo er

Die Geburt Christi, Detail von der Kanzel

rasch Karriere machte. Schon 1581 wird er Zunftmeister der Steinmetzzunft und führt eine große Werkstatt. Sein berühmtestes Werk dürfte die im Auftrag des Trierer Domkapitels geschaffene Kanzel im Mittelschiff des Trierer Doms sein.

Jesus fegt die Stube.

1618 schuf Hoffmann im Auftrag des Pfarrers Daniel Cunerus eine prächtige steinerne Kanzel, die im Korb in fünf Feldern Reliefs zeigt mit Bildern aus der Kindheit Jesu. Neben der Verkündigung ist da natürlich die Geburt Jesu zu sehen, die Beschneidung, die Anbetung der Könige und als Besonderheit die Heilige Familie bei der häuslichen Arbeit. Abgesehen von der Kirche in Eschfeld (s. das Buch *Die schönsten Kirchen der Eifel* des Verfassers, erschienen im Verlag Meyer & Meyer) gibt es nirgends sonst in einer Eifeler Kirche eine solche Darstellung. Der vielleicht 10-jährige Jesus fegt den Raum aus, in dem Josef seiner Zimmermannstätigkeit nachgeht und Maria sich mit der Wäsche befasst.

Dieses kostbare Stück aus der Werkstatt Hoffmanns wurde 1735 aus der Kirche herausgenommen und auf dem Platz vor der Kirche aufgestellt. In diesem Jahr hatte der Papst den nach Lambertsberg kommenden Pilgern einen siebenjährigen Ablass gewährt. Die Pilger sollten draußen vor der Kirche es einfacher haben, sich des Pfarrers Stiftung genau anzusehen.

Meckel, ehemalige Pfarrkirche und heutige Friedhofskirche St. Bartholomäus

Lage

Meckel, PLZ 54636, ist eine Ortsgemeinde in der Verbandsgemeinde Bitburg-Land und gehört zum Eifelkreis Bitburg-Prüm. Es liegt zwischen Bitburg und Echternach/Luxemburg.

Entfernungen

- Von Aachen 188 km über die Eupener Straße bis Eynatten (Belgien), belgische A 3 bis Kreuz Verviers, belg. A 27/dt. A 60 Richtung Trier bis Bitburg, B 57 Richtung Echternach, K 29 nach Meckel.
- Von Köln 150 km über die A 1 Richtung Trier bis Blankenheim, B 51 Richtung Trier bis Prüm, A 60 Richtung Trier bis Bitburg, B 51 Richtung Trier bis Meilbrück, B 57 Richtung Echternach, K 29 nach Meckel.
- Von Bonn 151 km über die B 56 bis Euskirchen, A 1 Richtung Trier bis Blankenheim, weiter wie vor unter Köln.
- Von Koblenz 146 km über die A 48 Richtung Trier bis Dreieck Moseltal, A 602 nach Trier, B 51 Richtung Köln bis Hofgarten, B 257 Richtung Echternach, K 29 nach Meckel.
- Von Trier 22 km über die B 51 Richtung Köln bis Hofgarten, B 257 Richtung Echternach, K 29 nach Meckel.

Zugangsmöglichkeit

Die heute nur noch als Friedhofskapelle genutzte Kirche ist außerhalb von Trauerfeierlichkeiten grundsätzlich geschlossen. Den Schlüssel hat der Ortsbürgermeister Johannes Junk, Tel. 06568/7012 und 0172/6584012.

Einkehrmöglichkeit

Gasthaus Herrig, Hauptstraße 20, 54636 Meckel, Tel. 06568/298.

Infos

Tourist-Information Bitburger Land, Im Graben 2, 54634 Bitburg, Tel. 06561/94340; Fax 943420, Website: www.eifel-direkt.de

Geschichte

Wie so oft ist auch bei der einstigen Pfarrkirche St. Bartholomäus in Meckel nicht bekannt, wann sie gebaut wurde, oder ob sie bereits auf einer unbekannten Vorgängerkirche steht. Urkundlich erwähnt wurde sie erstmals um 800. Damals vermachte ein gewisser Harduinus sein im Bitgau gelegenes Besitztum mit der Kirche und dem gesamten umfangreichen Grundbesitz der nahe gelegenen Abtei Echternach. 1491 kam die Kirche in den Besitz des Klosters Helenenberg, zwischen Bitburg und Trier gelegen.

Kurze Zeit später erfolgte ein spätgotischer Neubau. In dieser Form, in der St. Bartholomäus sich heute noch präsentiert, war die Kirche für etwas mehr als 400 Jahre Pfarrkirche für das Dorf Meckel. Dieses Dorf, in jenem Teil des Bitburger Landes gelegen, den man nicht von ungefähr als *Gutland*

Die ehemalige Pfarrkirche und heutige Friedhofskirche St. Bartholomäus

bezeichnet, war ein blühendes Dorf mit zahlreichen wohlhabenden Bauern. Denen war Ende des 19. Jahrhunderts die inmitten des Friedhofs gelegene Kirche nicht mehr gut genug, wahrscheinlich war sie tatsächlich auch zu klein geworden. So kam es 1899 zum Bau der hochgelegenen neugotischen Kirche, die ebenfalls dem heiligen Bartholomäus geweiht wurde. Wahrscheinlich waren die Meckeler mit diesem Kirchenpatron durch mehr als 1.000 Jahre gut gefahren.

Unterschiedliche Bauphasen an der Kirche sind erkennbar.

Die alte Kirche, die als Pfarrkirche nun ausgedient hatte, ließ man Gott sei Dank stehen und nutzt sie bis heute als Friedhofskirche, in der unter anderem die Trauergottesdienste und Begräbnisfeierlichkeiten stattfinden.

Das Patrozinium

Der heilige Bartholomäus, dessen Fest am 24. August gefeiert wird, gehörte zu den 12 Aposteln Christi. Als Verkünder der Botschaft Christi war er in Indien, Mesopotamien, Parthien, Lykonien und zuletzt in

Armenien unterwegs. Dort erlitt er den Märtyrertod auf Geheiß des Königs Astyages. Es wurde ihm nach der Legende bei lebendigem Leib die Haut abgezogen, anschließend enthauptete man ihn. Wegen dieses legendär überlieferten Martyriums wird dieser Heilige sehr oft mit seiner Haut über dem Arm dargestellt.

Das Kircheninnere

Man betritt die Kirche, vom Friedhof her kommend, durch die offene Turmhalle. Was dem Besucher sofort auffällt, ist die prächtige achteckige Mittelsäule, die von einem vierseitigen Sockel aus in die Höhe strebt und mit ihren ausstrahlenden Gewölberippen wie ein Baum mit seinen Ästen das Gewölbe trägt. Meckel hat mit dieser Friedhofskapelle ein besonders schön ausgeprägtes Beispiel einer Einstützenkirche. Während man diesen Bautyp weiter im Inneren der Eifel vor allem im ehemaligen Herrschaftsbereich der Grafen von Manderscheid findet, war es hier möglicherweise die Nähe zur Mosel, von der aus dieser Bautyp seinen Weg nach Meckel fand. An der Mosel nämlich baute der spätere Kardinal Nikolaus Cusanus, der den Typ der Einstützenkirche im Chor der Franziskanerkirche in Salzburg kennengelernt hatte, die erste Einstützenkirche ganz am Rande der Eifel, nämlich mit der Stiftskirche des von ihm 1447 für 33 bedürftige alte Männer errichteten Cusanusstiftes. Dieses Stift besteht heute noch, und wird immer noch von den Zinsen des einstigen Stiftungsvermögen unterhalten. Fragt man nach, welches Vermögen so

Der Turmdurchgang

wertbeständig ist, dass es über mehr als 500 Jahre allen Krisen standgehalten hat, lautet die Antwort: Weinberge an der Mosel.

Auffallend ist der mit Steinen ausgelegte Boden des Kircheninneren. Er stammt noch aus der ersten, romanischen Kirche. Auch den Grundriss der alten Kirche hat man beim Bau der gotischen Kirche beibehalten. Besonders wertvoll ist die Ausmalung der Kirche. Die Schlusssteine im Gewölbe zeigen den Kopf Christi, das Prümer Lamm mit der roten Fahne (Lamm Gottes), einen springenden Hund, die Schmiedewerkzeuge Hammer und Zange und Blumen.

Reich ausgestaltet mit Malereien sind die Gewölbezwickel. Sie sind gefüllt mit grünen Akanthusranken, dazwischen Füllhörner und Früchte. Diese Malerei entstand erst im Frühbarock des 17. Jahrhunderts, war jahrhundertelang unter einer Kalkschicht verborgen und wurde erst bei Restaurierungsarbeiten zwischen 1972 und 1975 wiederentdeckt.

Blick zum Chor und Hochaltar

Reich mit figürlicher Malerei versehen sind die Zwickel des Kreuzrippengewölbes im Chor. Hier sind zunächst die vier Evangelisten zu sehen mit ihren Symbolen, Johannes mit dem Adler, Lukas mit dem Stier, Markus mit dem Löwen und Matthäus mit dem Engel. Interessant ist die Darstellung von Lukas. Er malt an einem Marienbild. Der Legende nach war Lukas Maler. Das ist ein Umstand, der in der lateinischen Kirche keine große Rolle spielt, in der Orthodoxie, vor allem in Griechenland, gibt es Hunderte von als wundertätig verehrten Madonnenikonen, die alle den Malkünsten des Evangelisten Lukas zugeschrieben werden.

Zwischen den Gewölberippen finden sich sechs Frauengestalten, die von Akanthusrankenwerk umgeben sind. Dargestellt sind die folgenden Heiligen: Cäcilia, Barbara, Katharina, Margareta, Luzia und Helena.

Einstütze

Dass gerade der Chor so ausgemalt wurde, kam sicherlich nicht von ungefähr. Die Menschen damals waren in der Regel des Lesens und Schreibens unkundig. Wenn sie dann im Gottesdienst zum Altar schauten, sahen sie zwangsläufig die eindrucksvollen Bilder. Sie waren für sie so etwas wie eine Bilderbibel, eine *Biblia pauporum*, eine Bibel der Armen, wie man das genannt hat.

Wer diese Bilderbibel gemalt hat, ist ebenso unbekannt wie der Stifter, der sie bezahlt hat. Es ist allerdings bekannt, dass über Jahrhunderte hinweg der Pfarrer für die Instandhaltung des Chores dieser Kirche verantwortlich war. Möglicherweise hat er Geld in diese Malereien gesteckt. Sehenswert sind auch die zierliche kleine Kanzel, die Chorschranke und der hölzerne Altar. Auch hier sind die Stifter nicht bekannt. In einer Muschelnische des Altars ist übrigens der Kirchenpatron, St. Bartholomäus, zu sehen, der die ihm abgezogene Haut über dem Arm trägt.

Die Manschettenbauern

Meckel liegt im *Gutland*, einer außerordentlich fruchtbaren Landschaft, die sich bereits im Altertum als Kornkammer für die kaiserliche Residenz Trier einen Namen gemacht hat. Noch heute zeugen im Dorf und in der Umgebung zahlreiche stattliche Höfe vom Wohlstand seiner Bewohner.

Die Bauern konnten es sich vielfach leisten, jegliche Art von Schmutzarbeit von den Knechten verrichten zu lassen. Sie selbst standen lediglich begutachtend dabei, wenn etwa die Pferde angeschirrt wurden. Dabei waren sie mit Krawatte, Stehkragen und Manschetten angetan. In der Umgebung entwickelte sich der Begriff *Manschettenbauern* für diese Leute. In diesem Begriff lag wohl gleichermaßen Spott wie auch Neid.

Das hat, so erzählt Ortsbürgermeister Junk, Anfang der 80er-Jahre des 19. Jahrhunderts, gerade zu der Zeit, da die Meckeler sich mit den Plänen für einen Kirchenneubau trugen, zu einem Eklat geführt. Damals war in Trier ein neuer Bischof, der Bischof Korum, eingeführt worden. Bei seiner ersten Visitationsreise durch sein Bistum kam er auch nach Meckel. In seiner Begrüßungsansprache sagte er: „Ich freue mich, dass ich hier bei den Meckeler Manschettenbauern bin." Der weitere Verlauf der Visitation soll sehr frostig verlaufen sein.

Als dem Bischof später der Fauxpas bewusst wurde, den er begangen hatte, ließ er dem Kirchenvorstand in Meckel 2.000,– Mark aus seiner Privatschatulle überweisen als Zuschuss für den Bau der neuen Kirche.

Das Geld kam zurück mit der Begründung, die Manschettenbauern von Meckel könnten ihre neue Kirche selbst bezahlen.

Ouren/B, ehemalige Pfarrkirche St. Peter

Lage

Ouren, PLZ B-4790, ist ein Ortsteil von Burg Reuland auf belgischem Territorium im Grenzdreieck von Belgien-Deutschland-Luxemburg an der Our. Ouren ist der südlichste Ort der Deutschsprachigen Gemeinschaft Belgiens.

Entfernungen

- Von Aachen 109 km über die Monschauer Straße zum Autobahnanschluss Lichtenbusch, belg. A 3 Richtung Lüttich/Liège bis Kreuz Verviers, belg. A 27 Richtung Trier bis St. Vith, belg. N 62 Richtung Luxemburg bis Oudler, links ab nach Ouren.
- Von Köln 144 km über die A 1 Richtung Trier bis Blankenheim, B 51 Richtung Trier bis Prüm, dt. A 60/belg. A 27 Richtung Lüttich bis St. Vith, weiter wie vor unter Aachen.
- Von Bonn 146 km über die B 56 Richtung Euskirchen zum AB-Kreuz Bliesheim, A 1 Richtung Trier bis Blankenheim, weiter wie vor unter Köln.
- Von Koblenz 151 km über die B 258 Richtung Aachen bis Blankenheim, weiter wie vor unter Köln.
- Von Trier 92 km über die B 51 Richtung Köln bis Bitburg, dt. A 60/belg. A 27 Richtung Lüttich bis St. Vith, belg. N 62, weiter wie vor unter Aachen.

Zugangsmöglichkeit

Die Kirche ist grundsätzlich verschlossen. Wegen des Schlüssels wende man sich an die Touristinformation in Burg Reuland, Hilde Maus, Tel. 0032/80/329131, oder direkt an Willi Wittrock in Burg Reuland-Weweler, Haus Nr. 6, Tel. 0032/80/329439.

Einkehrmöglichkeit

Stupbacher Mühle, D-54617 Lützkampen, auf dem deutschen Ufer der Our gelegen, Tel. 06559/223.

Infos

Touristinformation in Burg Reuland bei der Gemeindeverwaltung Burg Reuland, Hilde Maus, Tel. 0032/80/329131.

Die Kirche

Die St. Peterskirche in Ouren ist alt, sehr alt. Ob sie die Burgkirche der heute bis auf spärliche Mauerreste verschwundenen Burg Ouren gewesen ist, gilt als äußerst fraglich. Die Kirche entstand auf dem rechten Ufer der Our, während die Burg recht weit entfernt auf dem Hügel links der Our gelegen war. Die Ansiedlung um die St. Peterskirche, die einen fast wehrhaften Eindruck macht, dürfte älter sein als der heutige eigentliche Hauptort, ein recht lebendiger Touristenort. Noch heute heißt der Ortsteil um die alte Kirche Peterskirchen.

Die ehemalige Pfarrkirche St. Peter

Die heutige Kirche steht an der Stelle einer früheren Kirche. Der wuchtige Turm und das Langhaus entstanden im 12. und 13. Jahrhundert. Interessant ist, dass das Langhaus lediglich auf der dem Tal zugewandten Seite Fenster hat, die heute noch erkennbar ursprünglich rundbogig, also romanisch, waren. Zum Berg hin, von dem immer wieder kalte Winde herunterfallen, gab es nie Fenster bei dieser Kirche.

Kirchenschiff mit barockem Hochaltar und Seitenaltären aus dem 18. Jahrhundert

Patrozinium

Moderne Pièta

Die Kirche in Ouren ist dem heiligen Petrus geweiht, dem „Apostelfürsten", dessen Festtag der 29. Juni ist.

Petrus hieß ursprünglich Simon. Christus, dem er sich als einer der Ersten angeschlossen hatte, nannte ihn Petrus (der Fels). Ihm wurde verheißen, dass auf ihm als Felsen die Kirche Christi gebaut und ihm die Schlüssel des Himmelreichs gegeben werden würden. Nach Christi Auferstehung wurde er von diesem mit der obersten Hirtengewalt über die von ihm gestiftete Kirche betraut. Petrus predigte das Evangelium in Palästina, Kleinasien, Antiochien und Rom, wo er 67 n. Chr. den Märtyrertod am Kreuz starb.

Alte Grabkreuze an der Kirche

Das Innere der Kirche

Von den kräftigen Gewölberippen und einigen schönen Schlusssteinen abgesehen, ist das Innere der Kirche ziemlich schmucklos. Dafür fallen jedoch der barocke Hochaltar und die beiden ebenfalls barocken Seitenaltäre aus dem 18. Jahrhundert auf. Die Glasgemälde als achteckiger Fenstereinsatz sind im 17. Jahrhundert entstanden.

Schlussstein, Prümer Lamm

Prümzurlay, Pfarrkirche St. Nikolaus

Lage

Pürmzurlay, PLZ 54668, ist eine Ortsgemeinde innerhalb der Verbandsgemeinde Irrel im Eifelkreis Bitburg-Prüm. Der Ort liegt im deutsch-luxemburgischen Naturpark Südeifel zwischen Bitburg und Echternach.

Entfernungen

- Von Aachen 190 km über die Eupener Straße bis Eynatten/Belgien, belgische A 3 bis Kreuz Verviers, belg. A 27/dt. A 60 Richtung Trier bis Bitburg, B 51 Richtung Trier bis Meilbrück, B 57 Richtung Echternach bis Niederweis, rechts ab nach Prümzurlay.
- Von Köln 141 km über die A 1 Richtung Trier bis Blankenheim, B 51 Richtung Trier bis Prüm, A 60 Richtung Trier bis Bitburg, weiter wie vor unter Aachen.
- Von Bonn 154 km über die B 56 bis Euskirchen, A 1 Richtung Trier bis Blankenheim, weiter wie oben unter Aachen.
- Von Koblenz 150 km über die A 48 Richtung Trier bis Dreieck Moseltal, A 602 nach Trier, B 51 Richtung Köln bis Hofgarten, B 257 Richtung Echternach bis Niederweis, rechts ab nach Prümzurlay.
- Von Trier 22 km über die B 51 Richtung Köln bis Hofgarten, weiter wie vor unter Koblenz.

Zugangsmöglichkeiten

Die Kirche ist ganztägig geöffnet und frei zugänglich.

Einkehrmöglichkeiten

Restaurant Haus am Berg, Kapellenstraße 15, 54668 Prümzurlay, Tel. 0 65 23 / 5 34.

Infos

Verkehrsamt der Gemeinde Irrel, Auf Omesen 2, 54666 Irrel,
Tel. 065 25 / 7 91 15, Fax 7 92 44,
E-Mail: eifel@irrel.de, Website: www.irrel.de

Geschichte

Prümzurlay ist ein alter Siedlungsort, der 799 zum erste Mal urkundlich erwähnt wurde. Ob damals die Prümer Burg bereits bestanden hat, ist unbekannt. Diese Burg, die seit Ende des 17. Jahrhunderts eine Ruine ist, wurde 1337 erstmals in einer Urkunde genannt. Ob zu dieser Burg bereits eine Kapelle gehört hat, die als Vorläuferin der heutigen, am Fuße der Burg gelegenen Kapelle anzusehen wäre, weiß man auch nicht.

Die Pfarrkirche St. Nikolaus

Die heutige Kirche von Prümzurlay wurde um 1500 als Burgkapelle von den damaligen Burgherren, Lehnsträgern der Herzöge von Luxemburg, erbaut. Zuständig für die Seelsorge waren die Mönche der nahe gelegenen Abtei Echternach und der Pfarrer des benachbarten Alsdorf. Kirchenrechtlich war die Burgkapelle in Prümzurlay etwas Besonderes. Sie war keine Filialkirche, die einer anderen Pfarre zugeordnet gewesen wäre, sie war eine sogenannte *freie Kapelle*, ohne allerdings alle Rechte einer Pfarrkirche zu haben.

Die Kirche hat sich ihr ursprüngliches Aussehen als schlichter, weiß verputzter Bruchsteinbau weitgehend unverändert erhalten, wenn man einmal davon absieht, dass die nicht unerheblichen Kriegsschäden geschickt beseitigt wurden. Allerdings wurde zwischen 1956 und 1960 im Hinblick auf die stark gestiegene Zahl der Pfarrangehörigen im Westen ein querovaler Erweiterungsraum angefügt.

Gnadenstuhl als Konsole

Das Patrozinium

Die ursprüngliche Burgkapelle war der Gottesmutter Maria geweiht. Später hat man das Patrozinium geändert und die kleine Kirche dem heiligen Nikolaus geweiht. Damit ist einer der volkstümlichsten Heiligen Patron dieser Kirche, Nikolaus, dessen Fest am 6. Dezember gefeiert wird. Geboren wurde er um 280 in Patara nahe dem heutigen Kalkan in der Türkei, er starb um 350 in Myra, dem heutigen Demre in der Türkei. Er war bis zu seinem Tod viele Jahre lang Bischof, später Metropolit von Myra. 325 nahm Nikolaus am ersten Konzil von Nicäa teil, bei dem er sich so temperamentvoll gegen die damals als Irrlehre eingestufte Theologie des Arianismus (Christus sei nicht Gott, sondern nur ein gottähnlicher Mensch) wehrte, dass er deren Begründer Arius während des Konzils geohrfeigt haben soll.

Zahlreiche Legenden berichten von der Mildtätigkeit und Hilfsbereitschaft des Heiligen, worauf die verschiedenen, ihm immer wieder beigegebenen Attribute hinweisen.

Am bekanntesten ist die Legende, dass Nikolaus als Bischof von der verarmten vornehmen Familie erfuhr, deren drei Töchter zur Prostitution gezwungen werden sollen, um sich die Aussteuer für eine standesgemäße Heirat zu verdienen. Nikolaus ging bei Nacht zu diesem Haus und warf durch ein offen stehendes Fenster drei Goldkugeln ins Haus. Er wird deshalb oft mit drei Goldkugeln dargestellt. Aus dieser legendären Begebenheit entwickelte sich der Brauch, dass Nikolaus in der Nacht vor seinem Festtag Kinder heimlich beschenkt, indem er ihnen zum Beispiel Süßigkeiten in die Schuhe steckt.

In den Niederlanden ist Sinterklaas anstelle des Christkindes der Überbringer von Geschenken, der Nikolaustag steht hier in dieser Hinsicht höher als der Weihnachtstag. Das war früher auch in Deutschland so. Luther hat diesen Nikolausbrauch am 6. Dezember sehr bekämpft und sich dafür eingesetzt, dass das Christkind am 25. Dezember, also an Weihnachten, die Geschenke bringt.

Nikolaus ist auch der Patron der Schiffer, Nikolauskirchen stehen oft an Häfen oder Wasserstraßen. Das geht auf eine Legende zurück, wonach Nikolaus als Bischof von Myra während einer Hungersnot von jedem mit Getreide für den Kaiser in Rom beladenen Schiff im Hafen von Myra 100 Scheffel für die hungernde Bevölkerung erbat. Er versicherte, dass bei der Ankunft der Schiffe in Rom nichts von der Ladung fehlen würde. Das habe sich dann auch bewahrheitet.

Dass ein so populärer Heiliger bei der ländlichen Bevölkerung auch in den Wetterregeln eine große Rolle spielt, ist verständlich. „Regnet es an Nikolaus, wird der Winter streng, ein Graus", heißt eine von ihnen, „trockener St. Nikolaus, ein milder Winter rund ums Haus", eine andere.

Das Kircheninnere

Die Kirche ist eine schlichte, zweijochige Saalkirche mit einem Fünfachtelchor. Die Sakristei an der Südseite des Chores ist ein späterer Anbau. In der Südwand fällt ein spitzbogiges Fenster auf. Es ist das einzige Fenster, das noch aus der Erbauungszeit in der Gotik erhalten blieb.

Chorbogen mit kostbaren Konsolen. Links eine Pièta aus dem 13. Jahrhundert

Wertvollstes Inventarstück in dieser Kirche ist eine Pietà, ein sogenanntes *Vesperbild*, aus dem 13. Jahrhundert, an der noch Reste der ursprünglichen Farbfassung zu sehen sind. Fachleute halten diese ausdrucksstarke Madonna für die kunsthistorisch bedeutendste in der ganzen Südwesteifel. In der ganzen Eifel findet man wohl keine zweite Madonna, auf die der Begriff „Himmelskönigin“ so zutreffen würde. Die Halskrause ihres Kleides und der für die Gotik so typische, hier aber besonders meisterhaft herausgearbeitete Faltenwurf geben dieser Madonnenfigur etwas Hoheitliches.

Pietà, 15. Jahrhundert

Im Chor, über dem sich ein besonders schön gestaltetes Sternengewölbe spannt, steht noch eine weitere Madonna, die im 15. Jahrhundert entstanden sein dürfte.

Aus der Erbauungszeit der Kirche stammen zwei besonders schöne und kunstvoll gearbeitete Gewölbeschlusssteine und die beiden Konsolenfiguren, die das Gewölbe im Chorbereich tragen. Die eine zeigt einen sogenannten *Gnadenstuhl*. Gottvater hält das Kreuz mit seinem toten Sohn Jesus in seinen Händen. Bei dem anderen handelt es sich um die Darstellung der Veronika, die das Schweißtuch mit dem Abbild des leidenden Christus in den Händen hält.

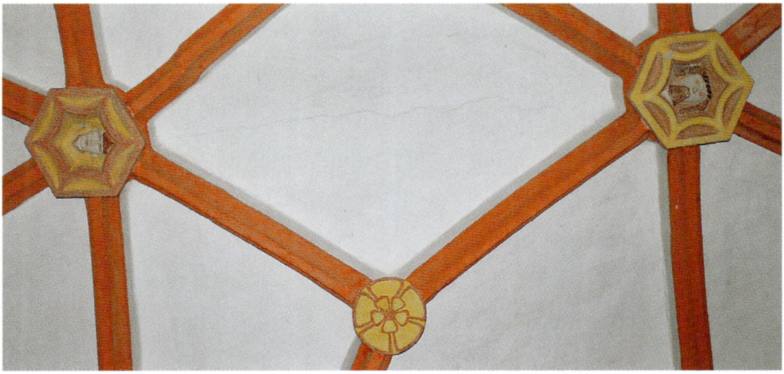

Wertvolle Schlusssteine im Gewölbe

Mit diesen beiden Darstellungen ist der Chorraum mit dem Altar eingerahmt, wo das heilige Messopfer zum Gedenken an Christi Leiden gefeiert wird.

Roth an der Our, ehemalige Ordenskirche St. Peter

Lage

Roth an der Our, PLZ 54675, liegt am deutsch-luxemburgischen Grenzfluss Our gegenüber dem luxemburgischen Städtchen Vianden. Es gehört zur Verbandsgemeinde Neuerburg und damit zum Eifelkreis Bitburg-Prüm.

Entfernungen

- Von Aachen 206 km über die Eupener Straße bis Eynatten (Belgien), belg. A 3 bis Kreuz Verviers, belg. A 27/dt. A 60 Richtung Trier bis Bitburg, B 50 Richtung Vianden bis Roth.
- Von Köln 168 km über die A 1 Richtung Trier bis Blankenheim, B 51 Richtung Trier bis Prüm, A 60 Richtung Trier bis Bitburg, B 50 Richtung Vianden nach Roth.
- Von Bonn 170 km über über die B 56 bis Euskirchen, A 1 Richtung Trier bis Blankenheim, weiter wie vor unter Köln.
- Von Koblenz 165 km über die A 48 Richtung Trier bis Dreieck Mosel, A 602 nach Trier, B 51 Richtung Köln bis Bitburg, B 50 Richtung Vianden nach Roth.
- Von Trier 60 km über die B 51 Richtung Köln bis Bitburg, B 50 Richtung Vianden bis Roth.

Zugangsmöglichkeit

Die Kirche ist außerhalb der Gottesdienste grundsätzlich geschlossen. Wegen des Schlüssels und einer eventuellen Führung muss man sich wenden an Erwin Schneider, Tel. 0 65 66 / 84 51. Das ehemalige Komtureigebäude ist privat genutzt und nicht zu besichtigen.

Einkehrmöglichkeit

Machtemes Mühle, 54689 Preisscheid, Tel. 06524/855.

Infos

Tourist-Information Neuerburger Land, Postfach 1120,
54671 Neuerburg, Tel. 06564/19493, Fax 69258,
E-Mail: touristik@vg-neuerburg.de, Website: www.vg-neuerburg.de

Geschichte

Ehemalige Ordenskirche St. Peter

Die ehemalige Ordens- und heutige Pfarrkirche St. Peter hoch auf einem Felsen über dem unten im Ourtal liegenden Dorf Roth nimmt unter den Kirchen der kleinen Eifeldörfer eine Sonderstellung ein. Sie ist eng verbunden mit der Geschichte des Templer- und später Johanniterordens im Eifel-Ardennengebiet, das bekanntlich erst infolge der Beschlüsse des Wiener Kongresses 1815 durch eine politische Grenze (Deutschland-Luxemburg) zerschnitten wurde.

Es hält sich in Roth das Gerücht, die Kirche stünde an der Stelle eines keltischen oder römischen Heiligtums. Dafür gibt es jedoch keine handfesten Beweise. Bislang ist hier noch nicht zielgerichtet gegraben worden. Auch hat man bisher keine Beweise dafür, dass eine erste Kirche im Zuge der Willibrordusmissionierung oder wenigstens in der ausgehenden karolingischen Zeit Ende des neunten

Jahrhunderts entstanden ist. Tatsächlich will die Überlieferung, dass der heilige Willibrord, der in Echternach ein Benediktinerkloster gegründet hat, für die Errichtung fast aller Kirchen im weiten Umkreis „verantwortlich“ ist. So wird auch eine 400-500-jährige Linde vor der Kirche in Roth als *Willibrordusliinde* bezeichnet.

Wahrscheinlich wurde die erste Rother Kirche, von der heute noch Spuren im Neubau des 12. Jahrhunderts in der Sakristei im nördlichen Nebenchor erhalten sind, im 11. Jahrhundert gebaut. Sie soll dem damals in der Westeifel in insgesamt 42 Kirchen noch nachzuweisenden Typ der Chorturmkirche entsprochen haben. Danach hätte sich über der heutigen Sakristei ein Turm befunden. Mitte des 12. Jahrhunderts dürfte dann die heutige dreischiffige Basilika entstanden sein, die allerdings flach gedeckt war. Bauherren waren nach allgemeiner Ansicht der Historiker die Grafen von Vianden. Möglicherweise wurde die Kirche, zu deren Pfarrei Schloss Vianden gehört hatte, von ihnen von Anfang an als Ordenskirche für den Ritterorden der Tempelritter erbaut, den die Viandener Grafen hierher geholt haben.

Nachdem der französische König Philipp der Schöne (König von 1285-1314) den Templerorden 1312 aufgelöst hatte fiel, das Vermögen der Templer an den Johanniterorden, der seitdem die Kommende Roth führte. Hierzu Näheres weiter unten im Kapitel „Die noblen Ritter von Roth“.

Nach 1466 baute man die Kirche im spätgotischen Stil um. Die Franzosen lösten nach ihrem Einmarsch ins Rheinland 1794 die Kommende Roth auf, Napoleons Konkordat bedeutete das Ende der Selbstständigkeit der Pfarrei Roth, die in das benachbarte Vianden eingegliedert wurde. Durch den Wiener Kongress (1815) kam Vianden an das Großherzogtum Luxemburg. Nun konnte das deutsche Roth aber nicht bei einer ausländischen Pfarrei bleiben, es wurde wieder umgegliedert und kam zur Pfarre Körperich, zu der es bis heute gehört.

Der Kirchenbau

Reste eines romanischen Portals

Unübersehbar ist die im Inneren zum Teil barock umgestaltete Kirche von Roth äußerlich in vielen Elementen noch ein Bauwerk der Romanik. Bedauerlicherweise wurde jedoch im Zuge der Umgestaltung der Kirche mit der Beseitigung der Flachdecke und dem Einzug einer Gewölbedecke auch äußerlich das einheitliche Bild der romanischen Basilika zerstört. Dabei zeigt die nördliche Apsis, die an die ehemalige Torturmkirche des 11. Jahrhunderts angefügt ist, noch am reinsten ihre romanische Herkunft. Leider wurde hier zur Barockzeit ein Fenster ausgebrochen. Als Kostbarkeit gilt ein 1919 wiederentdecktes romanisches Portal am westlichen Ende der Nordwand, über dem noch ein Tympanonrelief weitgehend erhalten ist. Es zeigt Christus, auf dem Regenbogen thronend, vor dem ein anbetender Heiliger (Heiligenschein), wahrscheinlich Johannes der Täufer, kniet. Die zu solch einer Gruppe Bittender gehörende Muttergottes auf der anderen Seite ist nicht mehr erhalten. Noch immer sind die Reste des romanischen Westportals in der Umfassung des im 18. Jahrhunderts eingesetzten neuen Portals sehr schön zu sehen. Am südlichen Nebenchor kann man noch die ursprüngliche romanische Apsis erkennen.

Romanisches Tympanonrelief

Das Patrozinium

Zum Patrozinium St. Peter siehe die Ausführungen weiter oben unter Ouren.

Das Kircheninnere

Echternacher Stützenwechsel

Mag auch der heilige Willbrord nicht der Stifter der Rother Kirche sein, seine Spuren hat er hinterlassen. Das Innere der einstigen Basilika wird durch eben jenen Echternacher Stützenwechsel geprägt, der erstmals in der Abteikirche zu Echternach praktiziert worden ist. Das Typische dieser Architektur ist die Tatsache, dass nicht nur quadratische Pfeiler die von Arkaden durchbrochenen Wände tragen, sondern jeweils zwischen zwei Pfeilern jeweils auch eine runde, mit Kapitellen verzierte Säule. Jedes dieser Kapitelle trägt eine andere Verzierung. Eine Gewölbekonsole im Mittelschiff zeigt die bekannten Johanniterkreuze mit ihren insgesamt acht Spitzen. Diese acht Spitzen stehen für die acht Zungen, wie man im Mittelalter die Nationalitäten nannte, die sich 1099 in Jerusalem nach der Eroberung durch die Ritter des Ersten Kreuzzugs „Orden vom Hospital des Heiligen Johannes zu Jerusalem" nannten.

Konsole mit Johaniterkreuzen

Nach einer anderen Meinung stehen die acht Spitzen für die (nach Matthäus) acht Seligpreisungen der Bergpredigt.

Ein sehr schöner Schlussstein im Mittelschiff zeigt die Kreuzigungsgruppe mit Maria und Johannes unter dem Kreuz.

Die hölzerne Einrichtung der Kirche (soweit sie verschiedene Diebstähle sogar noch in jüngster Zeit überstanden hat) stammt aus der Barockzeit. Der Hauptaltar ist ein eindrucksvolles Prunkstück. Im Mittelpunkt steht das Gehäuse für das Allerheiligste, aus dessen Türwölbungen die Krönung Mariens herausgearbeitet ist.

Tabernakel am Hochaltar

Bemerkenswert ist das auffallend große Antependium, das, an dieser Stelle ungewöhnlich, das Abendmahl zeigt.

Abendmahlszene auf dem Antependium am Hochaltar

Gotische Rankenmalerei schmückt den südlichen Nebenchor, in dem ein Marienaltar steht, der ebenso wie die geschnitzten Porträts der vier Evangelisten aus dem frühen 18. Jahrhundert stammt.

Fratze am Beichtstuhl

Auffallend ist ein um 1700 entstandener, aus Eichenholz geschaffener Beichtstuhl. Er ist verziert mit einer Darstellung der päpstlichen Tiara mit den gekreuzten Schlüsseln als Symbol der Petrus (dem Papst) verliehenen Vollmacht, die Sünden zu vergeben. Gegenüber ist ein Menschenkopf zu sehen mit hervorquellenden Augen und gefletschten Zähnen. Damals eine beliebte Darstellung zur Abwehr des Bösen.

Die noblen Ritter von Roth

Zweimal im Laufe von rund 700 Jahren waren die Ritterorden der Templer und Johanniter Herren zu Roth, die hier eine wichtige Kommende unterhielten.

Der Orden der Templer wurde wahrscheinlich 1129 von einer kleinen Gruppe französischer Ritter gegründet, die sich „Arme Ritterschaft Christi und des salomonischen Tempels“ nannten. Der Name rührt von dem Umstand her, dass der Orden zunächst einen Flügel des Königspalastes, der heutigen Al-Aqsa-Moschee, auf dem Tempelberg in Jerusalem als Quartier nutzte. Dieser Palast war auf den Grundmauern des salomonischen Tempels gebaut worden. Aufgabe des Ordens war der Schutz der damals zahlreich nach Jerusalem ziehenden Pilger.

Der Orden kam allerdings alsbald in den Ruf, sich mehr mit Geldgeschäften gegen Wucherzinsen zu befassen als mit seiner eigentlichen Aufgabe und sammelte wohl erhebliche Reichtümer an. Das war für den stets in Geldnot befindlichen französischen König Philipp den Schönen Grund, den Papst zu veranlassen, den Orden zu verbieten, in der Hoffnung, dass ihm das Vermögen des Ordens zufallen würde. Papst Clemens V. (Papst von 1305-1314) kam diesem Wunsch nach, löste den Orden 1307 auf. Fast alle Ordensmitglieder in Frankreich wurden verhaftet, angeklagt und zum Tode auf dem Scheiterhaufen verurteilt.

Über das Leben und Wirken der Templer in Roth ist so gut wie nichts bekannt. Die Vielzahl von Sagen, die sich jedoch in der Westeifel bis weit in die Neuzeit hinein mit den Templern befasst haben, lässt nichts Gutes an diesen Ordensrittern, die immer wieder als hinterhältig, raffgierig, heimtückisch und unberechenbar dargestellt werden. So heißt es in allen, die Templer betreffenden Sagen, dass diese Ritter ihren Pferden die Hufeisen verkehrtherum untergenagelt hätten, um etwaige Verfolger zu täuschen. Man kennt diesen Trick aus zahlreichen Büchern von Karl May.

Den Templern folgten die Johanniter, ebenfalls ein Ritterorden, der Ende des 11. Jahrhunderts durch Ritter des Ersten Kreuzzugs als Hospitalsorden zur Versorgung von Pilgern gegründet wurde. Sie blieben und stellten die Pfarrer für Roth, bis die 1798 einmarschierten französischen Revolutionstruppen die Kommende auflösten.

In der Barockzeit bauten die Johanniter eine stattliche Kommende unmittelbar unterhalb der Kirche, das heute noch sogenannte *Schloss*. Nach dem Zweiten Weltkrieg wurde es Opfer mutwilliger Brandstiftung durch französische Besatzungssoldaten, 1958 wieder aufgebaut. Zeitweise war es Appartmenthotel, heute hat sich hier eine Immobilienverwaltungsfirma niedergelassen. Es kann nicht besichtigt werden.

Weidingen, Pfarr- und Wallfahrtskirche St. Maria vom Berge Karmel

Lage

Weidingen, PLZ 54636, gehört zur Verbandsgemeinde Neuerburg und damit zum Eifelkreis Bitburg-Prüm. Es liegt zwischen Bitburg und Neuerburg.

Entfernungen

- Von Aachen 179 km über die A 4 Richtung Köln bis Kreuz Kerpen, A 61 Richtung Koblenz bis Kreuz Bliesheim, A 1 Richtung Trier bis Blankenheim, B 51 Richtung Trier bis Prüm, K 182 Richtung Pronsfeld bis Niederprüm, B 410 Richtung Clerveaux/L, L 9 Richtung Neuerburg, L 10, L 9, L 8 nach Weidingen.
- Von Köln 140 km über die A 1 Richtung Trier bis Blankenheim, weiter wie oben unter Aachen.
- Von Bonn 142 km über die B 56 Richtung Euskirchen bis A 1 Richtung Trier bis Blankenheim, weiter wie vor unter Aachen.
- Von Koblenz 148 km über die A 48 Richtung Trier bis Kreuz Wittlich, A 60 Richtung Lüttich bis Bitburg, B 51 Richtung Trier, B 50 Richtung Vianden, L 9 Richtung Arzfeld, L 7 nach Hermersdorf, L 9 nach Altscheid, K 65 nach Weidingen.
- Von Trier 43 km über die B 51 bis Bitburg, B 50 Richtung Vianden, weiter wie oben unter Koblenz.

Zugangsmöglichkeit

Die Kirche ist ganztägig geöffnet und frei zugänglich.

Einkehrmöglichkeit

Restaurant Zur Dorfschänke, Hauptstraße 7, 54636 Weidingen, Tel. 06527/93094.

Infos

Tourist-Information Neuerburger Land, Bitburger Straße 21, 54673 Neuerburg, Tel. 06564/19433, Fax 69258, E-Mail: touristik@vg-neuerburg.de, Website: www.vg-neuerburg.de

Geschichte

Eine alte Überlieferung weiß zu berichten, dass sich an der Stelle der heutigen Kirche einst ein Heiligtum der germanischen Göttin Freya befunden haben soll. Der heilige Willibrordus (658-739), Gründer und erster Abt der Benediktinerabtei Echternach, habe es zerstört und an seiner Stelle eine einfache Marienkirche errichten lassen. Die habe aber nie eine besondere Bedeutung gehabt, sodass sie allmählich verfiel. Wald und Buschwerk hätten die Stelle allmählich überwuchert. Zum Schluss sei nur noch ein Madonnenbild erhalten geblieben, das rings von Weidenbüschen umwuchert gewesen sei. Darauf sei der heutige Name Weidingen, zeitweise auch Weidenbach, zurückzuführen. Eine hübsche Geschichte, aber wie so oft, weiß kein Mensch, welch wahrer Kern darin steckt.

Verschiedene andere Legenden berichten von jeweils einem anderen Grafen, der als Teilnehmer des Kreuzzugs von 1228-1229 in Gefangenschaft geriet, und teils durch ein Wunder, teils durch Freikauf wieder freikam, und zwar mitsamt seinen Ketten. Aufgrund eines von ihm gemachten Gelübdes wurde die erste Kapelle hier gebaut.

Tatsächlich wird erstmals 1254 eine Kirche in Weidingen erwähnt. Von dieser Kirche ist nur noch der Turm bis zur Höhe des dritten Geschosses erhalten. Diese Kirche war eine in der Eifel nicht ungewöhnliche Torturmkirche. Das heißt, dass bei diesem Kirchentyp der Turm im Osten steht und den Chor in sich aufnimmt. Im 15. Jahrhundert entstand der heutige Kirchenbau, der sich als unsymmetrische zweischiffige Halle präsentiert. Schon damals muss die Kirche Ziel vieler Wallfahrer gewesen sein, denn es ist überliefert, dass Weidingen damals eine kleine Gemeinde war, die nur 90 aktive Kirchgänger umfasste, für die eine Kirche diesen Ausmaßes völlig überproportioniert war. Im Laufe der Jahrhunderte hat es dann immer wieder Anbauten und Veränderungen gegeben, die den Gesamteindruck der Kirche jedoch kaum beeinträchtigt haben dürften. Im Zweiten Weltkrieg ist die Kirche ziemlich glimpflich davongekommen. Lediglich im Februar 1945 gab es mehrere Artillerieeinschläge, die jedoch lediglich das Dach beschädigten und die Glasfenster bersten ließen.

Weidingen ist immer noch ein vielbesuchter Wallfahrtsort, zu dem es sowohl zu festen Terminen als auch spontan Wallfahrten gibt. Feste Termine sind die Woche nach Ostern, oder die Freitage im Juni, an denen vor allem jene Wallfahrten stattfinden, die sich aus einstigen Wetterprozessionen, den „Hagelfahrten", entwickelt haben. Interessant ist die Wallfahrt in der Alexiusoktav (17. Juli) mit Kirmes. Die Kirche in Weidingen hatte zeitweise, mit Sicherheit im 16. Jahrhundert, statt des Marien- ein Alexiuspatrozinium. Bis 1891 gab es auch noch am 8. Dezember, dem Fest der Unbefleckten Empfängnis Mariens, einen bedeutenden Kram- und Gesindemarkt.

Das Patrozinium

Das Fest ist erstmals 1386 in englischen Karmelitenklöstern als ordensinternes Fest der Karmeliten am 17. Juli bezeugt. Maria war nicht nur Vorbild, sondern auch Schutzpatronin für diesen Orden, weshalb schon recht früh das Bedürfnis aufkam, ein eigenes Gedenk- und Dankfest zu feiern. Das Fest wird seit dem 15. Jahrhundert am 16. Juli begangen. 1726 wurde es von Papst Benedikt XIII. für die ganze katholische Kirche eingeführt. Die im Karmelitenorden von Anfang an gepflegte Marienverehrung hängt mit dem Ursprung des Ordens zusammen: Es handelt sich um eine Gruppe von Eremiten, die wohl schon seit altchristlicher Zeit auf dem Berg Karmel (bei Haifa) nach dem Vorbild des Propheten Elias und seiner Schüler ein asketisches Leben führten. Sie deuteten die kleine Wolke, die nach der langen Dürre in der Zeit des Elias vom Meer aufstieg und den rettenden Regen ankündigte (1 Kön. 18, 44), als ein Bild der Mutter des Herrn. Die Verehrung der Heiligen Jungfrau unter dem Titel „Unsere liebe Frau vom Berg Karmel“ nahmen sie auch mit nach Europa, als sie im 13. Jahrhundert vor den Sarazenen fliehen mussten.

Das Innere der Kirche

Der Rokokohochaltar

Prunkvoll, das ist der Eindruck, den der Besucher erhält, der die Weidinger Kirche betritt. Seit der gründlichen Restaurierung 2010 erstrahlt die alte Wallfahrtskirche mit der teilweise barocken bis Rokokoausstattung wieder im alten Glanz. Die Einrichtung der Kirche ist nicht einheitlich, sie wurde über Jahrhunderte hinweg zusammengetragen. Die Asymmetrie der beiden ungleichen Schiffe fällt wohl als Erstes auf, doch im Hauptschiff wird der Blick vor allem auf den alles beherrschenden Rokokohochaltar von 1780 gelenkt, in dessen Mittelpunkt über dem Tabernakel in einer Nische das Gnadenbild der Muttergottes steht. Es handelt sich um eine mehr als 1 m hohe Pietà, ein sogenanntes *Vesperbild*, aus dem 15. Jahrhundert unbekannter Herkunft. Die Muttergottes sitzt vor einem Kreuz und schaut mit versteinerter Miene auf den toten Sohn, den sie, von ihrer Rechten gestützt, auf ihren Knien hält. Sie ist das eigentliche Ziel der zahlreichen Wallfahrten seit Jahrhunderten.

Heilige unbekannter Identität am Hochaltar

Die Mitte des Altars wird von hohen Figuren gerahmt. Links steht die hl. Anna mit Maria, rechts eine Heilige in Ordenstracht ungeklärter Identität. Hierbei soll es sich entweder um Katharina von Siena handeln oder um Theresa von Avila, die Gründerin der unbeschuhten Karmeliten. Außen sieht man links von Anna einen männlichen Heiligen, bei dem es sich entweder um Joachim oder Johannes vom Kreuz, einen Reformer des Karmeliterordens, handeln soll. Rechts von der Heiligen ungeklärter Identität steht Josef mit dem Jesusknaben auf dem Arm.

Verkündung mit Blumenstrauß

Das Antependium des Altars zeigt in einer fast vollkommenen Rocaille eine entzückende Verkündigungsszene. Gabriel, der Erzengel, überbringt Maria nicht nur die Botschaft, sondern auch einen Blumenstrauß. Sehr schön sind beiderseits des Tabernakels und auf den Sockeln der Tabernakel und Gnadenbildnische flankierende Säulen mit 12 hölzernen Halbreliefschnitzereien. Sie zeigen Illustrationen von Anrufungen der Lauretanischen Litanei zu Ehren der Muttergottes.

Hochaltar im nördlichen Seitenschiff

Die beiden Seitenaltäre, 1780 geschaffen, entstammen der gleichen Neuerburger Werkstatt wie der Hochaltar. Zwischen Hochaltar und rechtem Seitenaltar steht das Ende des 19. Jahrhunderts in einer Neuerburger Steinmetzwerkstatt aus Sandstein gefertigte Taufbecken, das an seinem Fuß die Taufe Jesu zeigt. Anfang des 18. Jahrhunderts ist die Kanzel entstanden. Das gegenüber dem Hauptschiff wesentlich schmälere nördliche Seitenschiff weist einen steinernen Altar auf, der Mitte des 17. Jahrhunderts entstanden ist. Wie beim Hauptaltar befindet sich auch hier oberhalb des Tabernakels eine Vespernische mit einer sehr ausdrucksstarken, steinernen, barocken Pietà. Rechts vom Altar sieht man an der Wand eine doppelte Eisenfessel. Sie erinnert an die oben erwähnte Gründungslegende über diese Kirche, wonach ein Eifeler Graf, der beim Kreuzzug 1228-1229 in türkische Gefangenschaft geraten sei, für den Fall seiner Befreiung und Heimkehr den Bau der Kirche gelobt habe. Ein besonderes Kunstwerk ist schließlich noch in der Nordwand des Nordschiffs eingelassen. Es ist ein Retabel aus Sandstein aus dem 16. Jahrhundert, auf dem insgesamt sechs Heiligenfiguren zu sehen sind. Die (von links gesehen) ersten vier Figuren stellen die vier Marschälle Gottes dar, die man auch *Kölner Marschälle* nennt. Sie wurden und werden besonders in der alten Erzdiözese Köln als Fürbitter in besonderen Notlagen bei Mensch und Vieh angerufen.

Retabel aus Sandstein

Es sind der heilige Hubertus, der heilige Antonius der Eremit, auch der Große genannt, volkstümlich vielfach als Schweinetünnes verehrt, der heilige Cornelius und der vor allem als Schutzpatron der Pferde verehrte heilige Quirinus (von Neuss). Daneben stehen die heilige Barbara und die als Schutzpatronin der Sehkraft verehrte heilige Odilia. Sie trägt zwei Augen auf einem Buch, als Hinweis darauf, dass sie als Blinde geboren wurde, aber durch die Taufe das Augenlicht erlangt hat.

Insgesamt konnten die Weidinger dank der Opfergaben der Wallfahrer ihre Kirche reich ausstatten. Viele Schätze, vor allem liturgische Geräte, können jedoch allenfalls bei einer offiziellen Führung besichtigt werden.

Dankbarkeit in der Wallfahrtskirche

Das Ziborium von Weidingen

Der Reichtum der Kirche in Weidingen an kostbaren liturgischen Geräten war weithin bekannt. Tatsächlich hat es immer wieder Diebstähle und Räubereien gegeben. Sie sind Gegenstand mehrerer Sagen und Geschichten.

M. Zender hat in seinem Buch *Sagen der Westeifel* unter anderen die folgende, im Originalwortlaut hier wiedergegebene Geschichte aufgeschrieben:

„In der Kirche von Weiden war ein Ziborium und alles gestohlen worden. Da sagte der Deppegießer (Kesselflicker), der hatte einen Bund mit dem Teufel, zu meinem Urgroßvater und einem anderen Manne, sie sollten mitgehen, er sorge alles zurück. Sie mußten aber versprechen, es der Kirche zu geben. Er war aus Messerich und hat damals Löffel hier im Haus gemacht. Er mache einen Kreis, keiner dürfe über den Strang treten. Da gingen sie zur Wickinger Burg. Der Mann holt ein Messer und zieht einen Kreis damit. Sie gingen rein, und da lag alles im Boden. Was nicht da war, ließ er kommen.“

Weweler/B, ehemalige Pfarrkirche St. Hubertus

Lage

Weweler, PLZ B-4790, ist ein Ortsteil der belgischen Gemeinde Burg Reuland und liegt auf der Höhe über dem belgischen Ufer des deutsch-belgischen Grenzflusses Our.

Entfernungen

- Von Aachen 99 km über die Monschauer Straße zum Autobahnanschluss Lichtenbusch, belg. A 3 Richtung Lüttich/Liège bis Kreuz Verviers, belg. A 27 Richtung Trier bis St. Vith, belg. N 62 Richtung Luxemburg bis Oudler, links ab Richtung Ouren nach Weweler.
- Von Köln 134 km über die A 1 Richtung Trier bis Blankenheim, B 51 Richtung Trier bis Prüm, dt. A 60/belg. A 27 Richtung Lüttich bis St. Vith, weiter wie vor unter Aachen.
- Von Bonn 136 km über die B 56 Richtung Euskirchen zum AB-Kreuz Bliesheim, A 1 Richtung Trier bis Blankenheim, weiter wie vor unter Köln.
- Von Koblenz 141 km über die B 258 Richtung Aachen bis Blankenheim, weiter wie oben unter Köln.
- Von Trier 82 km über die B 51 Richtung Köln bis Bitburg, dt. A 60/belg. A 27 Richtung Lüttich bis St. Vith, belg. N 62, weiter wie oben unter Aachen.

Zugangsmöglichkeit

Die Kirche ist grundsätzlich verschlossen. Den Schlüssel erhält man in Weweler Haus Nr. 6 bei Wittrock, Tel. 00 32 / 80 / 32 34 39.

Einkehrmöglichkeit

Weweler Mühle, Tel. 00 32 / 80 / 32 90 75. Die Mühle liegt unterhalb des Dorfes an der Straße zwischen Burg Reuland und Ouren an der Our.

Infos

Touristinformation in Burg Reuland bei der Gemeindeverwaltung Burg Reuland, Hilde Maus, Tel. 00 32 / 80 / 32 91 31.

Geschichte

Auf einer Anhöhe hoch über dem Ourtal steht am Rande des kleinen Dorfs Weweler die alte Kirche St. Hubertus. Mit ihrem siebenstöckigen Turm ist sie ein weithin sichtbares Wahrzeichen der Landschaft, auch von jenseits der Our aus der deutschen Eifel gut auszumachen. Dieser Turm stammt noch aus dem 13. Jahrhundert, während das Kirchenschiff im 15. und 16. Jahrhundert erbaut wurde.

1313 wurde die Kirche erstmals erwähnt, da sie an einem Zweig des nach Santiago de Compostela liegenden Jakobspilgerwegs liegt. Bis 1803 war sie die Pfarrkirche für das weit von hier entfernt am Zusammenfluss von Our und Ulf liegende Burg Reuland. Erst dann wurde Reuland eine eigene Pfarre und die dortige, aus dem 18. Jahrhundert stammende Stephanuskirche Pfarrkirche.

Ehemalige Pfarrkirche St. Hubertus

Seitdem finden nur noch sporadisch Gottesdienste in der Kirche statt, insbesondere am Hubertustag, dem 3. November, am Jakobstag, dem 24. Juni und an Allerseelen, also am 2. November. Hin und wieder wird die Kirche auch zu Konzertveranstaltungen genutzt.

Patrozinium

Zum Hubertuspatrozinium siehe Näheres unter Niederkyll in diesem Buch.

Das Kircheninnere

Verblasste Freskenreste

Der kleine Kirchenraum wird von einer gewaltigen Säule geprägt, die die Kirche zur Einstützenkirche macht. Bei Restaurierungsarbeiten im 20. Jahrhundert entdeckte man auf der Wand links neben dem Chorbogen Überreste von mittelalterlichen Fresken, die darauf schließen lassen, dass die Kirche ursprünglich ganz ausgemalt war. Die Fresken wurden auf die gegenüberliegende Wand übertragen.

Der Friedhof wird heute noch genutzt.

Die Inneneinrichtung der Kirche ist ursprünglich barock gewesen, doch ist davon außer dem Hochaltar nicht mehr viel übrig geblieben.

Der barocke Hochaltar

Unkenntnis über den Wert der Einrichtungsgegenstände führten, mehrfach zum Verkauf einzelner Stücke, andere fielen Diebstählen noch Ende des 20. Jahrhunderts zum Opfer. Fotos der entwendeten Heiligenfiguren stehen an deren Stelle heute in den Nischen des Hochaltars und der beiden Seitenaltäre.

Kruzifix , 14. Jahrhundert

Bildnachweis

Umschlaggestaltung:	Sabine Groten
Fotos Umschlag:	Christoph Wendt
Fotos Innenteil:	Christoph Wendt